お気楽『辞世』のすすめ

安中正実

幻冬舎MC

はじめに

私たちは、時々ふと空を見上げる。人によって、何日かぶりであったり、何年かぶりであったりする。青い空に白い雲が浮かんでいると、ふぅーと息をはくような心持ちになる。そして、空の青さに幼いころふるさとで見た空を重ねてみたり、ゆったりと流れる雲にもっと自由に生きることへのあこがれを抱いてみたりする。

私たちは、空を見上げるまでもなく、何かしら、いわゆる〝人生〟というものを考えている。何かにつけ、自分の「来し方行く末」に思いを巡らせる。私たちの多くは、人生の道すがら、その時々の逡巡と決意を持って、学校や職業、配偶者あるいはパートナー、生活する場所など様々な選択と淘汰を繰り返している。

あまり何も考えずに選択したことに満足する人もいれば、考えに考え抜いて決断したことにすぐに後悔し始める人もいる。満足と後悔を幸・不幸とすると、人の幸福と不幸は、１００％、気の持ちようで決まる。そして、人は幸福や不幸を感じながら、時を重ね、老いてゆき、死に至る。

今、地球上に生きているすべての人々に、年齢性別、国籍を問わず平等に与えられているものは、「必ず死ぬ。」ということのみである。現在が、幸福であろうが不幸であろうが、善きことを行う人であろうが悪事をはたらく人であろうが、これまでの喜怒哀楽の量が多かろうが少なかろうが、高い教育を受けていようがいまいが、一切関係ない。全く誰も異を唱えない真実であるが、このことを自分のこととして、いつ気づくかは重要である。

自分のこととしての「死の気づき」は、具体的にいつどのような現れ方をするのだろうか。それは多分、「来し方行く末」のうち、行く末があらかた想定でき、来し方を思う場面の分量の方が多くなったとき、死はそう遠くない時期の自身の有り様として意識されるのかもしれない。

今、この本を手にとり、来し方を思い出すことが多くなったなと考えているあなたは、今がすごく幸せな状態と自覚されるべきである。そのまま、少しずつ楽しみ事をしながら、少しずつ仕事をしながら、穏やかに過ごせば、それだけで幸せな人生をほぼ全うできる。

ここでは、そのような人生のささやかな〆の一品として、「辞世」を加えることをオススメしたいと思っている。「辞世？」。そう、昔の日本で武士などが、死に臨んで短冊に筆でサラサラ書く歌や句のような、あれのことである。しかし、白装束で死の直前に端座して記すものではなく、趣味の短歌や俳句のように、はたまた携帯のゲームのように、気楽に、酒でも飲みながら「辞世」を書いてみませんかとオススメするのが本書である。

何故、そのようなことをオススメするかというと、これが結構楽しめる。どのように楽しむかは本編に譲るとして、楽しみながら、あなたの生き様、メッセージを、大げさに言うとあなたの生きた証しを、子や孫、あるいは後世に残すことができるのである。

ところで、「辞世でも、ひとつ……」と思うと、自分の人生における生き様や思いを言葉に置き換える必要が生じる。たとえば、自分を誉めてやりたい順風満帆な人生、結婚もし子も育てそこそこ頑張ったほぼ満足の人生、何となく過ごしてきた平々凡々な人生、考えれば愚痴しか出てこない運に恵まれない人生、人様に言えないような恥ずかしい人生。これまでがどのような生き様であれ、まず、そのすべてを肯定しなければ、辞世の言葉は出てこない。

言い換えれば、辞世を書くことは、自分自身を肯定することである。ここでオススメする辞世は、ほとんど趣味、あるいは洒落であるから、毎年でも、毎月でも、書くことができる。そのような頻度で、自分のすべてを肯定する作業は、生きる勇気をも与えてくれるかもしれない。

さあ、それでは、あくまでもお気楽な「辞世」の世界へ……。

目次

1　さて、お別れに、何を残そうか……

（1）どうやら人生は一回きりらしい

私たちの住む天の川銀河は、40億年後に間違いなくアンドロメダ銀河と衝突する。と、NASAが発表したのは、2012年。しかし、ご安心を。双方とも銀河の中の空間があまりにも広大なので、星と星が衝突する確率はほぼゼロということらしい。地球を含む太陽系は、引力あるいは重力バランスの作用で少し吹き飛ばされてもそのまま存続するという。地球の夜空では、天の川がアンドロメダの星たちと交錯し変容していく壮大な絵巻が20億年ほど繰り広げられるそうだ。

是非、生きているうちに見たいものであるが、ちょっと長生きしても40億年後は無理なような気がする。我々の子孫も含めて、人類が生きながらえるのも難しいかもしれない。このような途方もない時間の一瞬一瞬に接しながら、私たち人類の一個一個の生命がある。長くても100年程度の人間一個の命は、星の命に比べればあまりにも儚いが、それゆえ、それを生きなければならない身からすれば、愛おしさがひとしお感じられないだろうか。

しかも、自分の命は、今を生きているこれ一回しかない。楽しいからもっと長くとか、もう一回やりたいといった〝おねだり〟は受けつけてもらえない。辛いからもうイヤだと思っても、自分でお終いにしてはいけない。自分の命が生かされている間は、生ききらなければいけない。

人生は一回きり、という厳然たる事実は、しかし、あまり重きを持って受け止められていないのではないだろうか。そんなの当たり前じゃないか、だから何だっていうのと、多くの人は感じるのかもしれない。現在の日本では、多くの人々は、〝今〟の人生が〝次〟の人生に繋がるという感覚を持っていない。その意味では、人生は一回きりでも仕様がないと潔く認め、一日一日をけなげに生きていると言えるだろう。

「現在の日本では」と少し限定したのは、少し前の日本、たとえば平安時代では、〝今〟の人生は〝次〟の人生のためにあると考えるのが常識であったからである。また一方、現代の世界のいたるところでは、生まれた途端に過酷な環境で生き延びることを余儀なくされ、今日の命を明日にどう繋げるか以上のことを考えられない人びとがいる。これらの人びとの多くは、この人生が次の人生に続くとでも思わなければ、〝今〟を生きる希望を持てないに違いない。

古来、生きる希望を繋ぐ道しるべとして、宗教があった。仏教であれ、キリスト教、イスラム教であれ、多くの宗教は、次の人生すなわち〝来世〟をより良いものにするために、今の人生すなわち〝現世〟に良いことをしなさいよ、と教えている。

たとえば仏教では、宗派による解釈の違いはあっても、前世、現世、来世の考え方はある。お釈迦様は、今を一所懸命に生きることが大事ですよ、そうすれば来世も良くなりますよ、と言っていたらしい。それが、現代社会にどのように反映されているかを、ミャンマーの仏教聖地パガンとスリランカの仏教聖地アヌラダプラで、たまたま見聞したことがあるので紹介しておきたい。

ミャンマーでは、いたるところでパゴダ（仏塔）を建立するための寄付が日常的に行われている。私も道路を走行中、車窓から寄付に応じたことがあるが、ミャンマーの人たちは、来世のためにこのような功徳を積むことに熱心である。そのことで、信仰心のあつい女性に仏塔より学校や病院の建設の方がいいのではないかと聞いたところ、自分はネクスト・ジェネレーションよりネクスト・ライフの方が大事だと思う、との答えが返ってきた。

スリランカには、インドからのヒンドゥー教の影響が色濃くあり、街角のいたるところにガネーシャ（象の姿をしたヒンドゥー教の家内安全、商売繁盛の神様。性愛の神様でもある）が、お地蔵さんのように鎮座している。圧倒的に仏教徒が多いのに、ガネーシャが何故こんなにいるのかと聞いてみると、仏様には来世のことをお願いして、ガネーシャ様には、現世のご利益をお願いしているという。実に私の好きなご都合主義的な考え方で、大いに共感した思い出がある。

次にキリスト教での来世についての考え方はどうなっているのだろう。

何せ、教祖イエス様は蘇るし、宗教画の多くは死後の審判を描いていることからも、来世は根本的に信じられている。ただし、ネクスト・ライフとしての来世というよりも、生前の行いが他の人にどれだけ貢献したかという審判の結果、魂の行き先が天国か地獄かという死後観が強いようである。

イスラム教では、……。さすがに、イスラム教のことはほとんど分からないので、諸方面をちょっと調べてみると、「宗教法人日本ムスリム協会」のホームページに当たった。これによると、重要な六つの信仰箇条のひとつに、来世を信じること、と明記してある。ここでの来世は、「仏教で言うところの生まれかわっていく来世ではなく、最後の日がきて、死者がよみがえり、最後の審判を受けた後に行く天国または地獄のことです。」とある。来世の定義は、キリスト教とほとんど同じである。

こうしておさらいをしてみると、次の人生、いわゆる来世を信じることは、多くの宗教の基本的な教えになっている。しかし宗教は、今困っていること悩んでいることから人々を救ってはくれないようである。次が良くなるように今を精進しなさい、功徳を積みなさい、頑張んなさいと言っているだけである。

さらにその底流では、今を良くすることは諦めなさいと諭しているようにも思える。宗教に造詣の深い方、あるいは信仰している方からは、何と浅く身勝手な解釈かと叱責を頂きそうであるが、浅学非才の適当な理解であることには間違いがないので、ご寛恕を頂きたい。また、本書は、皆さんの死に際のことを話題にしているが、あくまで趣味の本であって、間違っても宗教書ではない。

しかし、あらためて考えるまでもなく、宗教が来世に希望を繋いでくれても、あなたが今生きている人生は、あなたが死んだら終わる。宗教的に言うと、あなたの霊魂を宿している肉体が滅びる。私もまだ死んだことがないので、霊魂と肉体の関係が良く分からない。両者は一体不可分で肉体の滅びは霊魂の消滅を意味するのか、容易に分離できて肉体が滅ぶとき霊魂は単独幽離するのか、そのどちらが正解であっても、不細工な肉体と悟りきれない霊魂を持つ身としては、現在の組み合わせで六十余年過ごさせてもらっているので、このセットの片方の肉体が滅ぶときをもって、人生の終了としたい。

一回きりの人生を一応終了した後は、〝あの世〟が待っているらしいので、それはそれでひとつの楽しみでもある。

(2) 死に方より生き様

人それぞれに特別な人生があり、特別な思いの生き様があっても、特別な死はない。死は、どのように生きた人にも平等に訪れる。死に至る原因には、老衰(自然死)、病気、事故、戦争、自殺、他殺などいろいろあり、その際の情景も、多くの人に惜しまれるものもあれば、人知れず静かなものもある。しかし、死んでいくご本人はどの場合もひとりきりであり、にぎやかでもおごそかでもなく、人生を閉じるというごくごく個人的な事実のみを受け入れるに過ぎない。ご本人にとっては、おもしろくも何ともないのである。

生まれるときも、死ぬときもひとり。その通りであるからこそ、生と死の間をどのように生きるかが大事であり、生き様こそがその人の最大の個性となる。しかし、普通私たちは、どのように生きるかなんてことを考えて日々を過ごしてはいない。その日その日にやることになっている楽しいことやイヤなことに、妙に生真面目に取り組んで、その結果に一喜一憂しているのではないだろうか。そのような日々が続いてすぐに一週間、もう一か月、あっという間に一年、というように年月が積み重なっていく。

そして、あるときふと空を見上げるのである——。

「死に方より生き様」とはいうものの、良い生き様とはどんなモンであろうか。生き方の両極端を考えてみよう。やるべきこと優先とやりたいこと優先、真面目にきちんと生きていこうという姿勢と何事も楽しもうという姿勢、人の役に立ってこそ人生という考え方と自分のための人生という考え方、などなど無限の類型化があり得る。そのうち、こちらの方が絶対に正しいと言いきれる生き様はないし、ひとりの人間でも両極端の姿勢や考え方をその場その場で使い分けているのが実情であろう。結果として、生き様とは人の数ほどあって、そのどれもが良いも悪いも越えた現実である。

それでは少し見方を変えて、「思い通りになる」のが、良い生き様であろうか。思い通りにならないのが人生という言葉もあれば、思い続けていれば必ずそうなるという格言もある。これは、矛盾するようであるが両方とも正解である。その場その場はいつも失敗ばかりで、望む結果とは程遠いことが重なっていても、何となくこうなりたいなと思っていれば、気がつくと自分のイメージに近い生き方をしているものである。すべての人がそうなるわけではないが、おそらく、納得してくださる方も多いと思う。生き方の目標は、日々の過ごし方に設定するのではなく、ある時点で到達したい自分の有り様をイメージして、そこに設定するのがいい。なりたい自分は、お金を持って優雅に生活する自分であったり、世のため人のためになることで社会に貢献する自分であったりと、そのイメージも千差万別であろう。しかし、「なりたい自分イメージ」を持って生きることは、その人の日々にハリと楽しさを与えることは確かである。

一方、「死に方」に良し悪しはあるのだろうか。

日本人には、生き様より死に方の方が大事という、考えようによってはヒネくれた考え方がある。武士階級のしきたりとして、忠に背いた場合や義に殉じる身の処し方として切腹という死に方がある。その文化を突き詰めれば、「武士道とは死ぬことと見つけたり」となる。しかし、どんなに無様であっても生きているという事実の方に、人間の勁《つよ》さや美しさを認めたい。よって本書では、切腹などという行為は最悪な死に方と断じておこう。武士や、その死に様を信奉する人は、勝手に死ねばいい。しかし、圧倒的多数の庶民は、死ぬのがイヤだ。死ぬのが怖い。それこそ、死ぬほど怖い。

それでは、怖くない死に方というのが「良い死に方」になりはしないか。どのような死に方が、怖くないか？　その答えは、多くの先達が言葉を残しているが、立派すぎるものが多くて、ここで紹介する気にもならない。特に、宗教関係は、型にはまって答えが明確なものが多い。曰く、信仰により心が救われる。逆説的にいえば、何が怖いか、どうしたら怖くなくなるかなど、誰も分からないし、人それぞれだから、何も考えずに、今日できる楽しいことに没頭するのが最善と考えるが、あなたはどう思われるだろうか？

永六輔さんの「大往生」に市井の達人たちの至言が紹介されている。

「長く生きるコツ、
簡単です。

死なないようにすればいいんです」

「当人が死んじゃったということに気がついていないのが、大往生だろうね」

「人間は自分の言った通りなんか生きられません。

そんなことしたら死んじゃいます」

このようにカラッと明るく、生きることと死ぬことを鷲づかみにしていれば、生き方死に方にそう迷わずに、日々生きていけるのではないだろうか。

死生観という言葉がある。辞書によると、「死あるいは生死に対する考え方。また、それに基づいた人生観。(大辞林、第三版)」とある。要は、死という終わりの瞬間を見据えた人生観であるから、死に方より生き様の有りようを示す言葉と解釈できる。また、死に際の生き方ともとらえられる。

死に際の生き方については、「終わりの美学」とか、「引き際の潔さ」という言葉がある。これらは、生きることや社会での立場や実行中のことを自然に終えることが簡単ではないから、こうありたいという、ある種「あこがれ」のような感情を持って言われることが多い。「滅び」に美しさを感じるのは、桜の散り際をこよなく愛でる日本人の特質でもある。海外での格言箴言の中には、あまり見かけない。有名なところでは、マッカーサーの「老兵は死なず、ただ消え去るのみ」くらいであろうか。

それでは、「綺麗に終える」ことが何故難しいのであろうか。何事も、それを始めるときの、何もないところからいろいろな関係を構築していく楽しい作業であることに比べて、終わるときには構築した様々な関係を一つひとつ整理し消去するという、おもしろ味が少なく労力のかかる作業であるからではないだろうか。

このことは、「料理」と同じである。美味しく作るために、食材を吟味し調味料や調理法をあれこれ考える。見事完成したら、その料理の出来栄えなどを話題にしながら楽しく頂くが、料理やお酒がなくなるころには、お開きにしなければならない。その後に待っているのが、楽しさに見合った分の全く楽しくない片づけと食器洗いである。家庭の料理と食事では、楽しい宴の後でも次の日には同じ場所で次の食事を作らなければならない。作る作業と、整理片づけの作業が繰り返される。

人生と料理は、工程は同じようなものだが繰り返しがあるかないかで大きく異なる。人生では、ご本人が、十分に宴を楽しんだ後、オレは疲れたからもう寝ると退場された場合、一回きりの人生を終えてお休みになっているのを起こすこともできないので、誰かが必ず後始末をしなければならない。お休みになるご本人の段取りが良ければ、片づけも大したことはないかもしれないが、あちこち散らかしっぱなしでは、後始末が大変なことになる。やはり、発つ鳥が跡を濁さないためには、片づけが必要だし、これが「終わりの美学」のあまり美しくない現実である。

生き様、死に方、死に際について、あれこれ惰論をむさぼってきたが、正岡子規が結核の病床で新聞に連載の形で書き綴った随筆（病牀六尺）から、一文引用したい。

「余は、今迄禅宗の悟りということを誤解していた。悟りということは、如何なる場合にも平気で死ねることかと思っていたのは間違いで、如何なる場合にも平気で生きて居ることであった。」

これは、21日目の文章である。彼は127日目の回を書き終えた2日後に没している。壮絶な闘病生活の中で、好奇心を失わず毎日を生ききる姿には感嘆させられる。

正岡子規を引き合いに出すまでもなく、死に際の生き様は、一人ひとり全く違うのだろう。いろいろな生き様、死に方の良し悪しを考えてみても、結局生き様の方が大事という結論になる。良い「死に方」、良い「死に際」も、「生き様」の内なのである。

(3) 死んでからでは遊べない

人間が動物より文化的に優位に立ったのは、言葉や文字などの意思を伝達する手段を手に入れたこと、二足歩行の結果空いた手で道具を作ったことなどが、はじめの一歩ということになっている。そして、決定的に違うことは、人間は「遊ぶことができる」ことだ。これは、私が言っているのではなく、古くから洋の東西を問わず言われている。

ホイジンガが言う、ホモ・ルーデンス（遊ぶ人）、である。ホイジンガ先生は、遊びの本質的なおもしろさを研究したオランダの人で、何の躊躇いもなく「人は遊ぶために生まれてきた。」と喝破している。

一方、我が国の古の先輩は、少し自問気味に「遊び戯れるために生まれてきたのかなあ」と言っている。「梁塵秘抄」（老人微笑ではない）に収録されている「遊びをせんとや生まれけむ　戯れせんとや生まれけん　遊ぶ子どもの声聞けば　わが身さへこそ揺るがるれ」という最も有名な歌である。あなたも、子供が無邪気に遊んでいる姿を見て、心が浮き立つような楽しい気分になったことはないだろうか。おそらく、そのおもしろさへの共感が遊びの本質である。

いずれにしても、人間は動物にできない「遊ぶこと」ができる。人生すべてを遊びにする必要はないが、遊び心を持って日々を過ごすことで、人生の時間が少し味のあるものになることは間違いがないと思う。

遊ぶことは、まず何より楽しむことであり、純粋に人生の幸せを感じる行為と言えよう。何に喜びを感じ、何を幸せとするかは、人それぞれであり、他人に良い悪いを言われる筋合いのものではない。悪い遊びもなくはないが、ここでは良識の範囲での遊びというに止めておこう。

さて、あなたの好きな遊びは何ですかと聞かれて、自信を持って即答できる人は少ないと思う。日本人は特に「遊ぶこと」に罪悪感めいたものを持っていて、真面目に働くことが良いことで遊ぶことは悪いことだという固定観念がある。この概念は、悪しき道徳教育の産物であり、日本人の勤勉さの根幹でもある。勤勉な労働を好む程度であれば常識の範囲内であるが、たとえば、残業をする、有給休暇を残す、極端な場合は働きすぎて死んでしまう、これらは世界の非常識となっている。人生で大事なものの順序は、〝一に健康、二に家族、三、四が遊びで、五に仕事〟であることを、国や親はしっかり教育することである。

とはいっても、これまで真面目に働いてこられたあなたは、もっと遊べば良かったと後悔されているのではないだろうか。だが具体的に何をし残したかは、はっきりしない。遊ぶことがすべての幼年のころは、遊ぶという意識がなかった。学童から就学を終えるまでは、勉強の対極に遊びが意識され、仕事を持つと仕事以外に遊びの領域が認識される。付き合いのゴルフや家族との日帰り旅行のように、仕事の空き時間にスケジュール化されたもうひとつの行事が遊びとなる。勿論、それらもすごく楽しい時間を得ることができるが、自分自身が心置きなく楽しみ、湧き立つような喜びを得るための遊びとは少し違う。そのような意味で、自分の好きな遊びを仕事にできる人は、ごくまれである。

そこそこ人生の後半にさしかかったご同輩によく見られるお楽しみの遊びは、年に一度は夫婦で、あるいは友人と海外旅行や、日本百名山の踏破、八十八か所の札所巡り、また毎日の農園通いなどの屋外活動型から、趣味の読書や調べ物、あるいは何もすることがなくてとりあえず図書館で時間を過ごしたり家でゴロゴロなどの室内型、その両方の晴耕雨読型などであろうか。さらに、それまで我慢していた趣味に没頭する趣味一徹型。たとえば、撮り鉄、乗り鉄などの鉄ちゃん、バードウォッチング、釣りなどであろうか。この趣味一徹型が、最も湧き立つような喜びを得やすいのであろうが、いずれにしても楽しく遊べばいいのである。

一般的に、60歳前後から人は、何はばかることなく過ごせる自由な時間が増えるから、誰はばかることなく好きなことをやればいい。しかも、若僧のときにはなかった小金もある。こんな幸せな時期は人生の中でも貴重であるはずだが、ここで、用心しなければいけないことが二つある。

一つは、自分で自分の行動を縛ることである。真面目な方ほど、それまでに築き上げてきた地位とそれに付随するややこしいプライドや見栄が、あるいはそれまでの良き大人としての振る舞いの根底にあった杓子定規な考え方が、自由に生きていいんですよと言われた途端に、身を竦《すく》め、脳を拘束する。脳梗塞ではない。オレがこんなことを始めたらみんな笑うんじゃないだろうか、ワタシあれをやってみたかったけれど、いい年して恥ずかしくてできないワ、という脳〝拘束〟である。多分、この自縄自縛的な自己制限は、解除するのが結構難しいと思う。自身の心の中で、一歩前に出たい自分と踏みとどまらせる自分との葛藤は、面倒くささも手伝って、踏み出せないまま現状維持の方が勝ちをおさめることが多いのではないだろうか。

二つ目は、最も近くですべてを理解してくれているはずの配偶者のネガティブな反応である。お互いが元気でそれぞれの楽しみを持っている場合は、それほどハードルは高くないが、日常顔を合わす時間が多くなったにもかかわらず話題に乏しく、離婚するのも面倒くさいから一緒にいる場合などは、片方が一念発起して事を始めようとすると片方がブレーキをかける。何を今さら、いい年をして、お金がもったいない、……。普段会話が少ない分、このちょっとした反応が、やらない理由の決定打になる。

これら二つのことに用心した方がいいですよ、とは言えても、どう乗り越えればいいのか、私は知らない。

好奇心や遊び心は、年をとるに従って薄れていくという人は多い。確かに若いときに比べれば、いろいろな面での経験値は高いから、新鮮な興味を引かれることは減るのかもしれない。しかし、好奇心や遊び心を持ち続けられなくなるのは、肉体の老化とは関係ない。心の老化である。あるいは、分別があると自負している人の自己規制が、心も老成しなければいけないと、間違った分別を下すためである。

湧き立つような純粋な喜びを感じられるのは、遊びを行うべく生まれてきた人間だけである。朝起きて晴れていたら気持ちが良い、昨日咲いてなかった花が今日咲いたというだけで、少し幸せを感じられるのは、まだ好奇心が衰えていない証拠である。好奇心がなくなれば、その人の人生は色どりを失う。

別にあなたの人生が色どりをなくしても、あなた自身のことで他の人に何の影響もない。しかし、余計なことかもしれないけれども、あなたの残りの人生は思った以上に長いと思った方がいい。

厚生労働省の簡易生命表（平成27年）の平均余命（日本人）によると、65歳まで生きた人はさらに、男性19・46年、女性24・31年、生きられる。今75歳の人は、男性12・09年、女性15・71年の余命がある。そんなに生きなくてもいいと思う方も多いだろうが、統計上はあなた方の半分はこの年数以上の人生が続く。10年も20年もただ老いにまかせて色どりのない人生のときを過ごすのは、もったいないと思う。良かろうが悪かろうが、たった一度のあなたの人生、ちょっとだけ踏み外して遊んでみてはいかがだろうか?

死んでからでは遊べないのだから……。

(4)「来し方」の総括と「行く末」の目途

個人的な過去と未来のことを、過ごしてきた日々とこれから先の日々という意味で「来し方行く末」とよく言う。「こしかた」と「きしかた」の二通りの読み方があり、平安時代の昔は、時間の流れには「きしかた」、来た方向と行く先の方向という空間的意味には「こしかた」と使い分けていたとも言われている。読み方のことはさておき、「源氏物語」や「平家物語」にも、人生を思うときの表現として「きしかたゆくする」が使われている。それらは、幾分憂いか哀しみを込めた深い思いを情緒的に表現する場面である。

「来し方行く末」を、私たちのこととして考えてみよう。

「来し方」と「行く末」の両方を自覚できるのは、いくつのときであろうか。10代、20代のころは、漠然とした将来への不安と期待を抱きながら、毎日毎日、その日あった出来事に一喜一憂を繰り返していたように思う。しかし、その日々が妙に楽しくもあった。そのような世代では、来し方は存在しないし、行く末も現実味を持たない。目の前の今があるのみである。

はっきりと自分の過去が現在に影響していると感じられるのは、「オレの若いころはこうだった……」と言い出す40代後半から50代か。その世代は、公私ともに多忙な30代を走り抜け、少し減速したころと重なる。

50代後半にもなると、現在に少なからず影響している過去と、ほぼ等距離に意識できる将来に向き合うことになる。そのとき「行く末」を現在の延長線上にイメージするのが一般的であるが、60代以降を定年後の余生と見るか、リセットされた新しい20～30年の人生と見るかで、「行く末」の輝きが変わってくる。

ちょっと昔は、エネルギッシュな老人を〝色ぼけ〟とか〝欲ぼけ〟と揶揄していた。最近は、社会的にも少し前向きにとらえられているようで、ハマっている、あるいは取り組んでいる活動内容を意味して、〝育爺（孫の教育）〟、〝ボラ爺（ボランティア活動）〟、〝スタ爺（習い事（スタディ））〟などの言葉が使われている。勿論、昔ながらの〝エロ爺〟や、ちょい悪オヤジの年長版で〝チャラ爺〟なるものもある。これらには、〝婆〟も勿論あるが、〝エロ婆〟や〝チャラ婆〟は、少ないかもしれない。

このように老人を表現する言葉が多くなってきているのは、老人の総人口の増加も勿論であるが、元気で、多様な活動をする老人が増えてきているという証拠でもある。行く末に何を目指そうが、受け入れてくれる下地は、社会にできつつある。

あらためて、「来し方行く末」を、私たちはどのような思いでとらえるのだろうか。「来し方」、すなわち生を受けて現在の年齢まで過ごしてきた時間であるが、幼年、小学生、中学生、高校生、それ以後は人により学業を続けたり仕事に就いたりと道が分かれ、さらに様々な道筋を歩いて今に至る。

ぼんやりとでいいから、道筋を幼年期から順繰りに、どんなことがあったか、どんな気持ちでいたかを、なぞるように思い出してみよう。我慢強い人でも、きっと30分も続かない。記憶の引き出しを順番に開けていく作業は、結構疲れる。また、意外といろいろなことを覚えているものだという驚きも感じる。当然のことであるが、思い出の量は均等ではない。まるで、昨日のことのように鮮明な情景が浮かぶこともあれば、この時期何を考えてどう過ごしていたのかよく思い出せないという薄い記憶のときもある。そしてこの作業で最もおもしろいことは、そのときの感情まで蘇ることである。しかし、その感情は、角がとれて丸くなっている。理不尽なことへの怒り、出会いや成功の喜び、別れや失敗の苦しさ、などなど、たとえば当時は死のうとまで思った感情も、熟成した丸みを帯びていれば思い出しても痛くない。人間の脳は、楽しい記憶しか残さないとも言うが、身体や心に受けた傷が時間とともに癒えるように、人生の様々な事柄は、あれはあれで良かったのだ、あのときはあれしかなかったのだと、思い出のファイルになった後、自己を肯定するように書き換えられていく。

思い出の中には、人生の分かれ道も見える。その当時は、自分で判断したり、成り行きにまかせたりして、目の前の事柄に対処していった。それが、配偶者を選んだり、職業を変えたりといったような、はっきり分かれ道だと分かるもの以外でも、自分の人生を左右した事柄が、そのときの判断や感情とともに思い出の中には記録されている。

人の身体はその人の食べたものでできていると言うが、人の精神（個性）は、その人の思い出でできている。私の計算だと、65歳の人の全精神量の3割はいわゆる〝三つ子の魂〟、5割が〝思い出〟、2割は〝習得した知識など〟となる。

「来し方」とは、多分に間違った道筋を辿った人生でも、それでいいんだよと自己肯定されている思い出である、とは少し甘すぎであろうか。いや、別に人様に迷惑をかけるわけでもない個人の思い出など、甘くていいのである。反省などしても何の役にも立たないから、無条件に、自分の「来し方」は実に楽しかったと思い込めば、そのようになる。

ところで、「来し方行く末」には、今がない。

今は、どうしようもなくありのままの今があるだけである。しかし、繰り返し強調するが、今をどう過ごすかは重要である。若いときの今は、「行く末」のために準備をする時間が多くあったが、私たちの今は、置かれた状況の中で現在を楽しむためだけの時間である。

ある会合で先輩が挨拶をされた。曰く、「年をとると、キョウイクとキョウヨウが非常に大事になる。今日行くところがある、今日用事がある、という生活を心がけなければならない。」

さて、「行く末」の目途は、いつ訪れるかもしれない〝死〟を隣に置いて考えなければならない。死を考えるのと死を待つのとは違う。何歳になっても、「なりたい自分イメージ」は必要であり、若いとき以上に、それが日々を生きる支えともなる。イメージの描き方は、10代20代のときより簡単かもしれない。若いときのものは、自分を形づくるための夢と希望と不安でできているが、65歳のものは、なりたい自分というよりも「やりたいことをやっている自分」を具体的にイメージすればそれでいい。病気や死で、ゲームオーバーになっても、文句を言わないという心がけを持っていれば。

「来し方行く末」を、最も端的に言い表している言葉に、千曲川旅情のうた（島崎藤村）がある。

「昨日またかくてありけり　今日もまたかくてありなむ
この命なにを齷齪《あくせく》　明日をのみ思ひわづらふ」
（千曲川旅情のうた　―落梅集より―）

訳すまでもないが、まぁ、「昨日も何とかなったし、今日も凌げそう。だから、明日のことなんか、あれこれ悩まなくてもOKよ。」とでも解釈できる。これは、昨日、今日、明日だから、時間軸を少し伸ばすと「来し方行く末」になる。藤村流だと、「過去はいろいろあったけど何とか凌いでくることができた、行く末のことはあまり悩まなくても何とかなるのではないだろうか」となる。これは、極意に近い。

（5）ぼちぼちかなと思うとき

60歳前後から、知人の訃報に接することが多くなった。それが80以上の方だと、ああお亡くなりになったかと平静に受け止められる。70代の方だと、少し早いなと感じ、自分と同じ60代だと、他人事とは思えず何故お亡くなりになったかを知りたくなる。それより若い方の死は、この本の趣旨からしても論外であり、いけないことである。

他人のことは、このように勝手な受け取り方ができても、自分のこととなると話が違う。死神から、あなたの命のろうそくは明日消えることになっていますよと急に言われて、準備のできている人はいない。「行く末」のあらましが想定できるようになっても、自分の急死というシナリオは含まれていないのである。

老い支度、死に支度がほぼできて、いつ死んでもいいと思って生きている人でも、自分の人生が本当に今日で終わるとは信じていない。その証拠に、数日先、数週間先、場合によっては数年先の予定をちゃんと持っている。何歳であっても、今がとりあえず健康な人の場合、死の瞬間は、常に突然の出来事となる。

突然の出来事であってもいいように、昨今は死に支度用に「エンディングノート」というものが書店に並んでいる。〝ぼちぼち〟かなと思われている方は、一度手にとって見られればいい。また、就職活動を就活と呼ぶのにかけて〝終活〟なる言葉も幅を利かせている。不勉強ながら、何をするのが終活かは存じ上げない。

ぼちぼちかなと思ったとき、何をするのがいいのだろう。いくつかの「エンディングノート」のページをめくってみると、大体同じような項目が並んでいる。たとえば、自分に関する基本情報、各種の財産、携帯やパソコンのメールアドレスやＩＤ、親戚のこと、友人知人のこと、介護、葬式やお墓、遺言など、様々なことについて考えを整理し、そのときにどのように処置するのかがあらかた分かるように項目だてしたノートで、オレが死んだらまずこれを見ろと家人に伝えておくものである。生きているうちは、何が何だか分からなくなりつつある各種暗証番号やパスワードの整理にも使える。

情報の整理は「エンディングノート」のようなものでまとめることができるが、あなたが個人管理している雑多な物、もの、モノの整理は手間がかかる。あなたにとってどんなに貴重な物でも、大事な宝物でも、残された人には始末に困るゴミに過ぎない。話の流れでは、だからあなたが生きているうちに使わないものはドンドン捨てて身軽になっておきましょう、となるのだが、これが結構難しい。何から手をつけていけばいいのか分からないし、いざ捨てようと思うとまだ使えるのでもったいないないと思ってしまう。

こうなると、勇気を持って段取りを決めてしまうしかない。ぼちぼちかなと思っている今から、本当にサヨナラまでは、一般的に10年近くはあるから、毎年の大掃除のときにでも、物置や押入れに収納していてここ5年ほど目にしていないものは、問答無用に捨ててしまう。次の年は、目につくところにはあるけれどもここ5年ほど使っていないものは、問答無用に捨ててしまう。というように、自分に付随するものをそぎ落としていくと、身軽になり若返ったような気にもなるはずである。恥ずかしながら、私もまだやっていないので、取り組まれた方のご感想を拝聴したいものである。

私たちの年齢になると、何かしら持病を持っている人が多い。世の中には様々な病気があるが、持病というと、健康診断で引っかかるメタボも含めて「高血圧」「糖尿病」あたりが、定番というところであろうか。これらは、大病のもとでもあるので、一歩進んで心臓、脳の血管などの病気を患っている方や、ガンを患ったり、手術をしたという方もいるだろう。また、持病ではなくても関心が高いのが、「認知症」である。皆一様に、なりたくないものの筆頭である。

いずれにしても、前期高齢者、後期高齢者と分類されるころになると、病気と無縁ではいられない。身体のいろいろな不具合とうまく付き合いながら、しぶとく遊ぶのが肝要であるが、患っている病気の軽重に応じて、その人の気持ちの軽重も違ってくる。やはり自分の生死にかかわるような病状であれば、受け入れがたい死を身近に感じて、どこに持って行きようもないいたたまれないような複雑な気持ちで過ごさざるを得ないのだろう。そして、〝ぼちぼち〟ではなく〝いよいよ〟かなと感じられるころまでには、何故自分がこの理不尽を受け入れなければならないのかという怒りに似た苦しみに、ひとり耐え忍ばなければならない。しかし、人間は本当の痛みや苦しみにそう長くは耐えられないから、いつかは、自分の今の状況を受け入れるように気の持ち方に折り合いをつける。そのようなときに、今まで見えなかったことが見えるようになるのであろうし、平静な気持ちで死と対峙できるのかもしれない。

〝ぼちぼち〟を感じるまでもなく訪れる突然の死と、死と十分に向き合う死は、どちらがいいのだろうか。勿論その中間もあるし、こっちがいいと選べるものではないけれど、〝ぼちぼち〟を意識し始める私たちの年代は、それぞれの「行く末」を見通す先に、ぼんやりと自分の死に様も見ているように思う。それには、交通事故とかの突発的な死ではなく、親が何歳のとき脳卒中で死んだとか、親戚にガンで亡くなる方が多いとかの遺伝的なことが、大いに影響する。そのイメージした死に様に向けて、良し悪し好き嫌いとは別に、ある種の諦念が心の中で育ってくるものである。

話は飛ぶが、テロメアというのをご存じであろうか。遺伝情報をすべて包含した染色体の両端にシッポのようについているモノである。遺伝情報を含まないから役割が分からないでいたが、科学の進歩のおかげで、このテロメアなる染色体のシッポが人間の寿命を左右することが分かった。テロメアの長さで細胞分裂の回数が変わるという。細胞分裂の数が多いと、それだけ若返るのだから長寿になる。それこそ〝命の回数券〟とも言うらしい。そのうち、テロメアを継ぎ足す遺伝子手術や、毛生え薬のようにテロメアを伸ばす薬が出てくるかもしれない。

この話を知ったとき、古典落語「死神」の命のろうそくに当たるものが、現実にあるのかと驚いたものである。この落語は、ひょんなことから死神が見えるようになった男が、病人の足元に死神が座っていればその病人は助かることを教えてもらい、金儲けをするという話である。大金を積んだ旦那の見立てに行くと死神が枕もとにいる。男は、死神をだまして旦那を助け大金を得るが、それは自分のろうそくを旦那に継ぎ足したことになり、ろうそくの火が「あ～消える」というあらすじである。人間の寿命は、それぞれのろうそくの長さで決まる。その火が燃え尽きたら死ぬ、というのは、そのままテロメアを意味するようにもとれる。

しかし、テロメアやろうそくの長さを気にして生きるのは、空しいと思う。明日、消えるかもしれないろうそくの命で、10年後あたりに〝ぼちぼち〟を考えなければいけないなと思いながら、楽しいことを企てて生きるのが、人間の愛おしいところではないだろうか。

(6) あなたの生きた証しは何？――「残す」ということ

おことわりをしておくが、私は死に臨んで何かを残すということは女々しい

(女性の方々、ごめんなさい)と思っている。ひとりで裸で生まれてきたのだから、ひとりで何も残さず静かに死んでいくのがカッコイイと思っている。しかし、残念ながら私にはすでに子供も孫もいる。ということで、子孫は残してもいいということにする。

話の流れで自己弁護のようになるが、子孫は残すのが当たり前であった。我が国では、「家を継ぐ」ことが重大事であり、男は妻を娶って男児を儲けることで体面を保つことができ、それで一人前という考え方がついこの前まで常識であった。継ぐべき家名や家業を背負わされる方は、それを喜びとしたのか、迷惑と思ったのか、あるいは何も考えず当たり前と思ったのか、私には分からない。我が国で特記すべき世襲は天皇家であるが、他にも、歌舞伎や能など子供のときから訓練が必要な芸能、神社の神主やお寺の坊さんなどで、世襲の習慣があった。そのような親譲りの仕事をしている人たちは、それなりに誇りや意義を見出しているようで、迷惑に思っている人は少ないようにも思える。あながち、世襲も悪い制度ではない。しかし、昨今は、医者や政治家まで、本来は志と能力に秀でた人が就くべき職業を、親が子に継がせている。医者の子が医者を、政治家の子が政治家を目指すのは、悪いことではない。親が、子の職業として、条件を整えた上で残すことに卑しい心根を感じるということである。

一般の多くの親は、子に職業を残さないし、残せない場合が多い。個人的に後継者を決めることができるような職業で、子が望んで継ぎたいという意思を示した場合に、それを許す形になる。一人前の人間として職業を選ぶという行為は、遊び方と同様に生き様を選ぶことである。人間として最も大事な生き様を、親は子に押しつけてはいけない。

それでも、死に臨んでも臨まなくても、子孫に何かを残したくなるのも人情というものである。お金や財産はどうだろうか。勿論、財産を子や孫に相続してもいいが、それは人が生きた証しとして残すものには、露ほども該当しない。財産は、その人のほんのわずかなラッキーの証しであるか、その人がせっせと貯めた禍事《わざわい》の種であるかのどちらかでしかなく、生き様とはほとんど関係がないからである。

それでは、そこそこ以上の財産を保有してしまった人は、どうすればいいのか。一番いいのは、生きているうちに自分で全部使ってしまうことである、と思う。私は、この状態にないから、本当の財産持ちから怒られてしまいそうであるが、私が身近に見聞きする範囲、および世間の一般論では、事業の成功、不動産による高額所得などによる恩恵はせいぜい3代目までしか続かない。だから、子孫のためには、相続税とかを心配しなくていい程度、邪魔にならない程度を残して、後は使いきってしまうのがいい。ここでは、遊蕩三昧や新興宗教への肩入れは、金の使い道として考慮していないから、使いきるのは結構大変な人もいると思う。

そこで、財産を生きた証しとして後世に残す私の一番のオススメは、寄付である。財力に応じて、社会貢献のための基金を創設したり、出身の学校や自治体に講堂やホールを建設したりのレベルから、赤十字や歳末助け合いなどのレベルまで、様々な行為が可能である。そして、どのようなレベルであっても、お金が生きる、満足感が得られる、最後に自分の名前が残る。多分、こちらの方が子や孫に残すより長持ちする。

片や残す財産のない人は、幸運である。煩わしいことに悩まされず、じっくり自分の人生を楽しむことができる。

残すもので代表的な子孫、職業、財産を例に示したが、この中で、あなたがこの世に生きた証拠となるものは子孫だけである。DNAの遺伝特性を挙げるまでもなく、あなたの子孫はあなたがいなければ存在しない。職業や財産に関しては、あなたの代わりはヤマほどいるし、あなたではなかった方がもっと素晴らしい展開になっていたかもしれない。たまたまあなたがやりがいのある仕事をして、さらに裕福になっているとしたら、そのように人生を楽しむことができたことをあなたの周りの人、また世の中の人々に感謝すべきである。間違っても、自分に能力があったからだとは思わないで頂きたい。近ごろ、自分の成功は自分に能力があったからだと誤解して、笑止な言動をされる御仁があちこちに見受けられるので、あなたもご用心された方がいい。

ところで、子孫の他に「生きた証し」と言えるものに、二つのことが考えられる。

一つは、〝地図に残る仕事〟的なもの。その人の多大な貢献であることが成し遂げられたが、そのことにその人の名前は残らず、オレの生きた証しは地球上に残り続けるという事実に満足すること。

二つ目は、〝名前が残る仕事〟的なもの。独創的な仕事の成果であったり、書物や作品、最近では特殊なホームページに、その人の名前が死後も残ることを、生きた証しと満足すること。

いずれにしても、ご本人が満足しなければ、生きた証しにはならない。「生きた証し」と認定するのは、その人をおいて他にいないからである。そのように考えると、生きた証しというのは、個人的に子や孫に残すのではなく、まず、自分の心の中に刻み込み、場合によっては、自分の名前とともに世の中に広がり、さらに場合によっては、それが後世にまで残ってしまう、という代物のようである。

勲章に「死亡叙勲」というのがあるが、奥さんが代わりに授与されて「へぇ、あの人偉かったのネ。」と思ってもらっても、本人はすでにお亡くなりだから、嬉しくも何ともない。やはり、「生きた証し」とは、どんな些細なことでも生きているうちに、少し誇らしげに自分を誉めて、自分に祝杯をあげることができれば「それで良し」程度を目指すのが、無理がないのだろう。この程度であれば、皆さんの中には、すでに生きた証しと言えるものを残されている方もおいでだと思うが、いかがであろうか。

「生きた証し」が何であるかは、自分が満足できるものを自分で決めればいい、という程度までハードルを下げてみた。そうであれば、子や孫もなく、ましてや社会に残すものも何もないと少し悲観されている方も、〝ぼちぼち〟を意識されたとき、遊びだけでなく、いや遊びながら「生きた証し」を創作されればいい。

そんなに難しいことではない。手始めにネットで自分の名前を検索してみれば、思わぬ情報が引っかかったりする。何もないと思っていても、たとえばサークルやスポーツクラブ、あるいは町内会のホームページに、あなたの名前と活動記録が載っていたりする。それらの記事は、削除されない限り残る。それで満足されれば、自分の生きた証しは、何とかクラブのホームページにあると仰ればいい。これは生きた証しとは言えないと思われれば、遊びを兼ねて何かを始めればいい。そのときは、純粋に遊びを楽しむことに加えて、結果として生きた証しが残せるという思いが加わり、その遊びの楽しさは倍増する。

子や孫になど何も残さなくていい。あなたの人生の締めくくりに、どんなものであれあなたでなければできなかった生きた証しを、あなたの満足とともに残せたら、それで上等である。加えて、あなたの残した「生きた証し」のおかげで、誰かが少し喜んでくれる、何かが少し良くなっている、なんてことがあれば、それは最上等である。

冥土みやげの酒話

「シンガニ」の乳搾り割り

南米ボリビアには、「シンガニ」というブドウの蒸留酒がある。15年物をロックで飲むと、他のどの酒とも似ていない香りとキリキリとした味わいとのど越しがたまらない。

ある日曜日の朝、南部の町タリハのホテルに、友人が牧場にシンガニを飲みに行くぞと来訪。何かは分からず牧場に着くとすでに何人かいて、屋外のテーブルには何本ものシンガニの瓶とコップ。のどかな屋外で昼酒の趣向かと思いコップを手にすると待てと言う。

牧場主が、雌牛を引いてきて広場の杭に繋いだ。友人たちは、やおらシンガニをコップに半分ほど注いでいる。乳を飲んでいる子牛をちょっとどかして、皆、乳搾りを始める。うまくコップの中にじゅゎーじゅゎーと搾り入れる。

温かい牛乳の甘さととろみの中にシンガニのキリキリ感が残っていて、のど越しは牛乳とは全く違う。雌牛を2頭おかわりして日没近くまで美味しく飲んで、気持ちよく帰った。

しかし、それから2日間、牛乳の雑菌にやられてホテルで悶絶。人生、良い思いと悪い思いは、釣り合いがとれているのだなと身をもって納得してしまった。

2

残すなら言葉、これが一番カッコイイ

（1）言葉には力が宿る

カッコイイ言葉といえば、まず映画のセリフ。名セリフの代表といえば、往年の映画ファンなら誰もがご存じの「カサブランカ」の名優ハンフリー・ボガート。これは、誰が何と言ったって、そうなのである。

「昨日、何していたの?」「そんな昔のことは覚えていないね。」「今夜、会える?」「そんな先のことは分からない。」と、言い寄る女に素気ない態度のハンフリー・ボガート扮するリックも、かつての恋人イルザ（これには、清楚かつ妖艶なイングリッド・バーグマンが扮している）には「君の瞳に乾杯!」と、日本人ではとても言えない気障なセリフでキメる。

このように目の前の相手との会話やスピーチ、講演から、お坊さんや牧師の説話まで、相手が見え、多数の人に向けて言葉を発する場はたくさんある。こういったときは、こちらが伝えたい言葉に、声の強弱、話す速さで、感情を乗せることができる。さらに、顔の表情、身ぶり手ぶりで、伝えたい内容を表現することもできる。相手が見えていれば、言葉の微妙なニュアンスも正確に伝わるし、相手の反応も瞬時に把握した上でちょっとした格好もつけられる。

しかし最近、言葉のキャッチボールをその場に合わせた口調で自由に楽しむ人が少なくなったような気がする。端的にいえば、話すのが皆下手になった、さらに聞くのはもっと下手になった。これは、言語能力の問題だけではない。言葉を交わす相手への好奇心と思いやる心の双方が希薄になっているからではなかろうか。

話し言葉の媒体は、「声」である。鳴き声であれ、ささやき声であれ、まず、声を出さなければ会話は始まらない。皆さんは、日常はっきりと声を出していでだろうか。年配の方は、いろいろな付き合いが減るに従って会話をする機会が少なくなり、一方若い方は目の前の人ともメールやライン等のSNSで情報を共有し、声での会話をしないといった具合に、社会から声の総量が減少している気がする。

声を出すことも少なく、会話も苦手という方は、他者とのコミュニケーションが自己中心的になりがちである。身勝手なもので自身は自己表現ができていなくても、相手は自分のことを理解してくれているはずだという錯覚の中に生きてしまい、自分の思うように相手が反応しない場合、相手が悪いと短絡的に思考してしまいがちである。これが原因で、不幸な事件が起きてしまうこともある。

まず声を出す。そして話してみる。そうすれば、鬱陶しい女を遠ざけたり、愛しい女に思いを告げたりできる。いきなりは難しいが、場数を踏めばハンフリー・ボガートも夢ではない。ハンフリー・ボガートになれなくても、なったつもりでいろいろ会話をしてみると、聞く方は迷惑かもしれないが、話す方には楽しい世界が広がる。男にとってのこのような修行の場は、〝酒場〟と相場が決まっているが、はて、女性の修行の場はどこなのだろう。……そうか、女性、特に妙齢の女性には、あらためて声を出せという必要はないのだった。女が3人寄れば、姦《かしま》しいことになっていたのだから。

いずれにしても、言葉を声に出して自分の考えや思いを他の人に伝達することは、社会生活の基本である。

もうひとつの言葉の基本は、文字で表現することである。考えを伝えるために、文字が必要な場面が様々と思い浮かぶ。まず手紙である。考えというよりも個人的な思いを伝える手段である。もう死語になりつつあるが、ご同輩には〝ラブレター（恋文）〟で切ない想いをやり取りされた方も少なからずおいでと思う。当時は、〝文通〟なるものも結構流行していた。これらに綴られた言葉には、表現の良し悪しや適不適は別にして、最大限の想いが込められていて、文字がはちきれそうになっていたはずである。また、ラブレターのような特別なもののほか、年賀状などの季節の挨拶やお礼の私信も思いを運ぶ文字に満ちている。他に文字が必要なものには、仕事の結果を伝える報告書、役所での諸手続き、契約書の類、電報、書き置きのメモなど枚挙に暇がない。

以前は、これらの文字を運ぶ媒体は〝紙〟と決まっていたが、20年ほど前からであろうか、パソコンや携帯電話によるメールでの文字通信が普及し、瞬く間にホームページ、ブログ、フェイスブック、ツイッター、チャット、ラインなど電子情報としての様々な文字伝達手段が提供されるようになった。それらによる情報発信、情報交換、意思表示、文字会話の総量は、加速度的に増加している。とある予測によると、世界のモバイルデータ通信量は、2021年には2016年の8倍にも増えるそうで、データとしては文字ではなく動画、端末もスマホからウェアラブル端末に移行するとのこと。「恋文世代」には、とてもついていけそうにない。

現在においても、電子媒体で送られる情報や言葉は、文字プラス絵文字の「会話」であって、文章表現ではない。〝声を使わない会話〟が通常の情報交換、意思表示の手段であれば、相手が遠く離れていても目の前にいても同じである。ますます「声」を出さない人が増えそうで、恋文世代には不気味な社会が広がるのであろうか。

しかし、2、3万年も前のクロマニヨン人は、絵文字（学界では、'emoji' という英語になっている）で意思疎通をしていたという考古学の説もあるので、人類は進歩しているのか退化しているのかよく分からない。

いずれにしても、自称「恋文世代」は、発せられた声による言葉、文字で綴られた言葉に馴染みを感じ、言葉の力を感じる。言葉の力は、古代から「言霊《ことだま》」と言われており、発した言葉には不思議な力が宿り、その言葉通りの結果をもたらすとされた。言霊の力によるのかどうかは不明だが、自分のことであれば「痩せてやる!」とか「〇〇に合格するぞ!」「断固、禁煙する!」を折につけ連呼していれば、実現することが多いともいう。自分の言葉を自分に聞かせると、自己暗示のような効果があるのかもしれない。

さらにパワーを秘めた言葉に、「呪文」がある。〝アブラカダブラ〟とか〝開けゴマ〟というやつである。呪文を操る呪術となると、我が国でも卑弥呼、祈禱師、陰陽師などが専門的に使用して、祀り事や政治、種々の決め事を行っていたそうである。呪文は、効力を発揮するための言葉であるので、意味が分からない方がいい。呪術専門職の人しか分からない言葉で、用途に応じて間違いなく唱えられなければならない。用途には雨乞い、戦いの勝利、病気の治癒、敵の死、豊作、安全祈願のおまじないなど、民族の存亡をかけるものから日常の安寧を祈るものまで、いろいろなものがあるに違いない。私は、何にでも効きそうな〝ちちんぷいぷい〟あたりが好きである。

言霊や呪文など怪しげなものはさておき、私たちが普段耳にする言葉にも、はっきりとその伝わり方に強弱がある。強い言葉と弱い言葉は、何が違うのだろうか。強い言葉は、話し手が伝えたい内容を明確に持っている。また、迷いがない、だから心に直接伝わる、気づきや驚きがある、というところであろうか。注意しなければならないのは、このように心を動かす言葉の中には、嘘だけの詐欺のテクニックで人を動かす場合もあるので用心したいものである。

本当に〝力〟のある言葉は、聞く人の心に直接響き、共感や感動を呼び起こすものだと思う。その〝力〟の源は、言葉に乗せる話し手の思いの強さにあるのではないだろうか。

文字で綴られた言葉にも、当然、読む人の心に直接響き共感や感動を呼び起こす力はある。恋文世代は、その一点に過剰なまでの期待を込めて手紙をしたためたものである。しかしそのような経験も、我がご同輩の多くは来し方の一場面であろう。現在もなお、媒体がメール等に変わっても、異性への思いを綴っておられる方がいるとしたら、畏れ入るしかない。そのような果報者は別にして、一般高齢者が心を躍らせながら〝力〟のある言葉をしたためる機会は、ないのだろうか。

前章では、この世をお引き揚げになるとき、遊びながら自分で満足できるものを残せばいいと申し上げた。その候補として、しっかりと〝力〟を込めた「言葉」はどうだろうか？

形は、恋文経験を生かして子や孫への手紙でもいいし、自分史のようなものでもいい。詩、俳句、短歌でもいい。内容は何でもいいから、まず書き始めれば、自然と何が書きたいか分かってくる。何が書きたいか分かってくれば、思いを込める。思いを込めて、文字を綴れば、あなたの渾身の力が宿った「言葉」が生まれる。

（2）さあ一言で、あなたのキーワード――

毎年、年末に京都清水寺で、その年の世相を反映する「今年の漢字」一文字が発表される。よくこの漢字を選んだなぁと感心することもあれば、何故その漢字が選ばれたのか疑問に思うこともある。この字は、日本漢字能力検定協会が一般からの投票結果をもとに決めているので、受ける感想も人それぞれであるのは当然である。その年が良い年であった人もいれば、最悪だったと思っている人もいる。年の暮れに一年を振り返るとき、ひとつのきっかけが「今年の漢字」であるので、それが正解でなくても、最適でなくても一向にかまわない。これはこれで、結構楽しい遊びだと思っている。

そこで、皆さんがその年の漢字を決めるとしたら、どのような手順になるのだろうか。

一年間の世相を代表する字であるので、まずその年に起こった特記すべき行事、事件、景気動向、流行したことや人などを思い浮かべる。そこから、候補になる言葉を選び、漢字に置き換え、一字に絞り込む、あるいは1、2分考えて、ポンッと浮かんだ漢字で、「これに決めっ！」とするのだろうか。これは、何人かでルールを決めてやれば、立派な忘年会芸になる。

「今年の漢字」のようなノリで、あなた自身を表現する言葉（漢字一文字でなくてもいい）を探してみるのが、あなたの残す言葉を紡ぐ最初の一歩になる。

「自分は何者なのか？」と、自分に問う。当然、すぐには答えが出てこない。漠然と自分の仕事が頭に浮かび、実業家、商売人、エンジニア、農家、漁師、住職、医師、研究者、教師、公務員など、職業欄に並ぶような言葉が出てくる。さらに、バイト人、芸人、遊び人というのもあるかもしれない。また、自分の性格や信条からは、優しい、頑固、実直、不器用、優柔不断、家族思いなどの言葉が浮かぶ。この二つを重ねるだけでも、「何者？」のイメージが少しできる。たとえば、不器用な商売人、家族思いの漁師、実直な公務員、優柔不断な遊び人などである。「オレは、不器用な商売人だったよなぁ……」となる。

さらに、好きな言葉や座右の銘、趣味や道楽、主義や主張、性癖や習慣などから、あなたの個性を表す独自の言葉が次々と浮かんでくるはずである。一つひとつの例示は省略するが、まとめると「オレは酒好きだけど、人様に迷惑だけはかけないように生きてきたから友だちも多い。だけど、不器用な商売しかできなかったよなぁ……」という具合である。

これは、それなりの年齢で「来し方」を振り返ったとき、自然と出てくる言葉でもある。このままでは、「今年の漢字」のように一言で言いきる、あなただけの言葉にはならない。絞り込み、あるいは醸成が必要である。

はたして、そこそこ長い人生の「来し方」をひとつの言葉で表現するのは、無謀な試みではないのか。結論から言うと、必ずひとつの言葉に集約できるから無謀でも何でもない。試してみられれば、ご理解頂けると思う。しかし、ひとつの言葉を紡ぎ出した後、同時に、あるいは少し時間がたってから、この言葉の方がいいかなとか、かの言葉も捨てがたいとか、別候補が未練を引くように浮かんでくる。その場合は、それらを切り捨てるのではなく、大事にすべきである。あなたのキーワードは、ひとつでなくてもいい。しかし、言葉を紡ぎ出し絞り込んでいく作業は、結果としてひとつの言葉に集約されるように行う。そのような作業を何回か行えば、複数のキーワードができるものである。

作業の説明が中途であった。「自分は、何者なのか？」の答えを探す手順は、職業、性格や信条、好きな言葉や座右の銘、趣味や道楽、主義や主張、性癖や習慣など、いくつかのカテゴリーごとに、自分を表すのにふさわしいと思う言葉を羅列するというのが、最初のステップであった。このステップの肝要は、自分を形づくる言葉をできるだけ多く集めることである。

次のステップは、自分にふさわしい言葉の中から、「生き様」に関係するものだけを選び取ることである。たとえば、「オレは酒好きだけど、人様に迷惑だけはかけないように生きてきたから友だちも多い。だけど、不器用な商売しかできなかったよなぁ……」の中で、生き様に関係するのは、「酒好き」「人様に迷惑をかけない」「不器用」である。「商売人」という職業は、生き様には関係しない。

皆さんの中には、「職業は、生き様に関係するだろっ！」「職業は、生き様そのものじゃないか」と、異論を唱える方も多いと思う。確かに、長く携わっている職業は、その人の時間の過ごし方、物事の考え方や処し方、人との接し方などなど、本人が好むと好まざるとにかかわらず、その人の生き様に少なからず影響を及ぼすことも多い。また、親の仕事を継いでいる場合や、もの心ついてからずっと希望していた職業（たとえば医者など）に従事していて、自分の人生はその職業抜きには語れない場合など、いわゆる〝天職〟に就いている方は、職業イコール生き様と思われるのも無理はない。

しかし、生きがいである仕事に従事していても、一般的には時期が来たら辞めなければならない。仕事は辞めても、人生は続く。生きている限り、あなたの人生についての考え方は多分変わらない。変わらない考え方を、ここでは〝生き様〟と表現している。

ここでさらに、屁理屈を捏ねるつもりはないが、職業を選択している理由の中に、あなたの根本的な人生の考え方がある。世のため人のために人生を捧げるという考え方と、AよりBの仕事の方が収入が良いので余裕を持った人生が送れるという考え方とは、大きく違うが、結果として医者という同じ職業を選んだりする。職業とは、たまたま巡り合った生きる術とでも割りきった方が、よほどすっきりする。所詮、「一に健康、二に家族、三、四が遊びで、五に仕事。」なのである。

「職業」に引っかかってしまったが、例示に戻ると、「酒好き」「人様に迷惑をかけない」「不器用」の三つの生き様からどれに絞り込むか。ここに至るとルールはない。後は、ご自身がどれを人生の拠りどころとしていて、どれによって人生を左右されたと思っているか、また自分のキーワードとしてどれが一番好きかによって決まる。想像を逞しくして、この例に取り上げられた商売人の思いを、いかにも聞いたように言葉にしてみると、「酒で失敗したこともあれば、もう少し器用に立ち回っていればもっと成功したと思う。だけど、人様に迷惑だけはかけまいと思ってここまで来ることができた。これは、友だちが助けてくれたからだな。だから、大好きな『お酒』も捨てがたいけど、オレの人生のキーワードは、やっぱり『人様に迷惑をかけない』だな。」とでもなろうか。

このようにして、あらためて自分だけのキーワードを文字にしてみると、他の要素はすべて霞んで、そのひとつのキーワードだけで生きてきたような気持ちになる。それは正しくはないかもしれないが、自分の生き様にひとつのキーワードを当てると、妙に清々しく人生に一本筋が通ったような気になる。事の正邪よりも、この清々しさを感じることの方が何百倍も大事である。

しかも、酒でも飲みながら実際に言葉を選んだり絞り込んだりしてみると、不思議と気持ちが必ずポジティブになることが分かるはずである。たとえば、最終的に『不器用』をキーワードに選んだとしても、不器用に生きてきたから友だちが助けてくれて楽しい人生を送ることができた、不器用に商いをしていたから大きな失敗もなく子供たちも一人前にすることができた、というように生き様のキーワードはネガティブな言葉であっても、本人の気持ちはポジティブになるものである。これは、年をとるにつけ、自分の人生はいいことだけであったと記憶を修正する脳の働きにもよるものだ。

このように、あなたの生き様を赤裸々にひとつのキーワードで表現してみるという無謀な試みに、臆することは何もない。いい年をした大人であれば、自分の人生を総括する言葉を一つや二つは持っておくべきである。

(3) 趣味の辞世を始めよう

キーワードやキャッチフレーズは、効果的に使わなければもったいない、そして意味もない。ましてあなたの生き様が凝縮した、入魂のキーワードである。大事に、上手に使いたいものである。

本書は、このキーワードを核として、あなたの生きた証しを創作するお手伝いをするというもの。生きた証しを何らかの言葉として残すのであるから、これは「辞世」と言える。辞世というと、一般的に「辞世の句」と称することが多いが、句の形式は五七五の俳句である。歴史的に多いのは、五七五七七の短歌の形式であり、これは「辞世の歌」と称すべきであろう。辞世という言葉は、広辞苑（第三版）によると、「この世に別れを告げること。死ぬこと。また死にぎわに残す偈頌《げじゅ》、詩歌など。」とある。ここにまた難しい言葉が登場した。偈頌《げじゅ》というのは禅宗などの教義や悟りの境地を詠んだ漢詩で、掛け軸などに良く書かれているものである。すなわち、「辞世」には詩歌を残すという意味も含まれる。

さぁ、それでは、あなたのキーワードをカッコイイ詩歌に変身させよう。

俳句でも、短歌でも、自由な詩でも、四行詩でも、それこそ心得があれば、五言絶句や七言絶句のような漢詩でもいい。どのような形式の辞世にするかは、あなたの好み次第である。

俳句、短歌、川柳を詠む趣味をお持ちの方、あるいは詩作や漢詩を嗜む方々は、普段から花鳥風月に代表されるような自然の移り変わりを楽しみ、社会情勢から日常の出来事までに目を配り、感じることを言葉で表現するという訓練を繰り返しているはず。そのような方には、題材としてご自身のキーワードを得れば、後はそれを得意の技でひとひねりして、いとも簡単に辞世が〝一丁あがり〟となるであろう。

一方、詩歌を作るという趣味をお持ちでない方もいらっしゃる。こちらの方が、圧倒的多数であろう。それでは、辞世の前に俳句や短歌を作る訓練が必要かというと、それはいらない。いきなり、辞世を作られるのがいいと思う。しかし、何のルールもなく「さぁ書きましょう」といわれても、あなたの目の前の紙には、大事なキーワードが一つ二つ書いてあるだけであろう。それを、どう形づくれば辞世になるのか、分からない。そこで、取りつきのきっかけとして、俳句の五七五、短歌の五七五七七の字数だけを採用して、言葉を字数分はめ込む作業を始めてみよう。

俳句や短歌には、作り方にいろいろ決まり事や作法があって、用語集や入門書などの参考書も多い。また、句会や歌会で自作を披露したり講評されたりして「良い」句や歌ができる。要は、作者の思いを表現するのに上手と下手があり、いいものとして選ばれて、上手な句や歌であると評されたときの喜びが、この趣味の醍醐味であろう。

辞世は、作者が死に臨んで自分の生き様を言葉に残すものであるから、上手下手の批評にはなじまない。また、作り方に決まり事もない。キーワードの意味を俳句らしく、あるいは短歌らしく、定型の字数に合わせて表現すればいいのである。

前節で例としたキーワードは、「人様に迷惑をかけない」であった。このキーワードは字数が多すぎて例として適当でないかもしれないが、とりあえずこれを使って、辞世を作ってみよう。狙いは、〝カッコよく〟である。

まず、手始めの五七五、

「人様に　迷惑かけず　生きてきた」

これでは、そのまんまではないか、とツッコミが入りそうであるが、辞世の場合、本人がこれで良しと思えば、それで決まりである。ちなみに、「赤と黒」で有名なフランスの作家スタンダールの辞世（遺言）は、「生きた　書いた　愛した」と至って簡単である（墓石には、違う順序で刻んである）。簡単であ

ろうが、そのまんまであろうが、本人が死に臨んで残す言葉として選んだもの
に、他の人が文句をつける筋合いはないのである。

しかし、本人がもう少しカッコつけたいと思えば、手を加えればいい。

俳句っぽく少しカッコつけた五七五、

「人様に　迷惑かけず　清々と」

好きなお酒のことも盛り込んだ、字余りの五七五、

「友と人様　酒を楽しみ　迷惑かけず」

ついでに短歌っぽく、五七五七七にも挑戦、

「人様に　迷惑かけずに　日を重ね　清々しさは　今日の秋晴れ」

このように手を加え出すと、どんどん言葉が湧いてきて、ニューバージョンの辞世がいくつもできてくる。この段階では、それこそ「人様」にお見せして意見を聞くわけにはいかないが、十分に楽しむことができる。これは、新しいジャンルの趣味と言ってもいい。

作れば作るほど、これは秀逸、あれは捨てがたいとなること必至であるが、

最後はたったひとつに絞り込まなければならない。厳しいルールである。そのうち、ビシッと「決め！」の辞世ができないうちはとても死ねない、というようになるのかも……。

(4) 遺言と遺書と辞世

本書は、あなたの人生の〆の一品として「辞世」をオススメしているが、残す言葉という意味では、「遺書」や「遺言」というものもある。一見、同じように見えるが、根本的に違う面もある。

他の二つと最も性格が異なるのは、「遺言」である。「遺言」とは、死後の財産を、誰にどれだけ分けるかについての意思表示を明確にするためのもので、法律的に効力を発揮させるために、かなり厳密な決まりがある。ものの本によると、自筆証書遺言は、①遺言書と明記する、②自筆する、③日付を書く、④氏名を書く、⑤印（実印）を押す、⑥連名の遺言書にはしない、⑦間違えたら訂正せずに書き直す、の7項目を満足しなければならない、とある。ほとんどの遺言書は、財産相続に関するもので、遺言者の所有する財産を、誰にどのように分配するかが指定されている。

第1章で、そこそこの財産を持ってしまった人は、子や孫に少しは残してもいいと申し上げた。そのような方は、「辞世」は勿論であるが、「遺言書」も必ず書かれた方がいい。ご本人が、自分の財産をそこそこのものだと思い、相続者間で話し合って法定比率で分けてくれれば問題ないと考えていたとしても、預貯金や動産、不動産の配分について相続者間で諍いが起こるというのは、あまりにもありふれた話である。諍いも丸く収まればいいが、裁判になったり絶縁状態になるというケースの方が多いという。そのような「禍事の種」を残してしまったら、カッコイイ辞世を残しても洒落にならないし、誰も楽しんでくれない。

そこそこ以上の財産を持っている人は、相続人の諍いの種になりそうな財産を然るべきところに寄付することを遺言書に明記しておけば、世のため人のためにもなり寄付者の名も残るので、財産処分の良い方法と思うがいかがであろうか。

ここで、お手本のような遺言をひとつ紹介したい。「電力の鬼」といわれ近代日本のエネルギーを牽引した松永安左エ門である。明治8年長崎県壱岐に生まれ、昭和46年95歳で没したが、死の10年前の遺言書が残っている。私は、これほど潔い遺言を他には知らない。また、松永翁の激しい生き様が、一語一語から伝わってくる。

事務的に言い残しておくことを過不足なく伝えることが現代の遺言書の使命だとすると、スタイルとしては、あまりお手本とは言えないかもしれない。しかし、戦後GHQとの折衝に当たったことで有名な白洲次郎の遺言書「一、葬式無用」「一、戒名不用」のお手本にはなったと言われている。

「遺書」というのは、死後のために書き残す文書や手紙、書き置きのことである。死に臨んで後世に残すものという点では「辞世」と似ている。しかし、

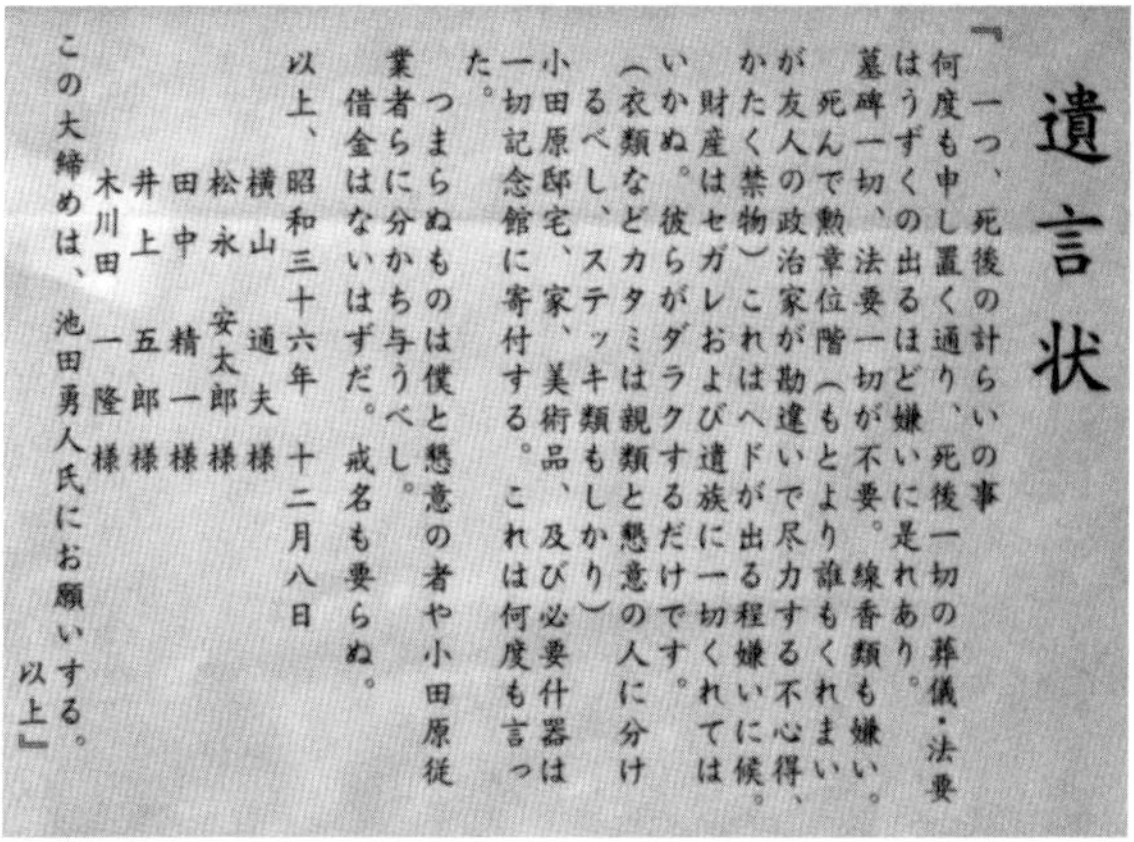

遺言状

『一つ、死後の計らいの事
何度も申し置く通り、死後一切の葬儀・法要はうずくの出るほど嫌いに是れあり。

墓碑一切、法要一切が不要。線香類も嫌い。死んで勲章位階（もとより誰もくれまいが友人の政治家が勘違いで尽力する不心得、かたく禁物）これはヘドが出る程嫌いに候。

財産はセガレおよび遺族に一切くれてはいかぬ。彼らがダラクするだけです。

（衣類などカタミは親類と懇意の人に分けるべし、ステッキ類もしかり）

小田原邸宅、家、美術品、及び必要什器は一切記念館に寄付する。これは何度も言った。

つまらぬものは僕と懇意の者や小田原従業者らに分かち与うべし。

借金はないはずだ。戒名も要らぬ。

以上、昭和三十六年十二月八日

横山　通夫様
松永　安太郎様
田中　精一様
井上　五郎様
木川田　一隆様

この大締めは、池田勇人氏にお願いする。

以上』

松永安左エ門翁の遺言状（記念館パンフレットより転載（壱岐市提供）、原文は自筆）

「遺書」は、どうも自殺する直前に書き残すケースが多く、自死を選ぶ動機や生身の感情が表されているので、心に響くものも多いが、軽さと余裕というのならやはり「辞世」がいい。両者、似て非なるものと言えよう。これは、遺書と辞世の優劣を言っているのではない。それを書き残す人の、状況と心持ちの違いが、遺書と辞世に表現されると理解すべきものである。

「遺書」は、手紙のように宛先あるいは読んでもらいたい人を明確にしているものが多く、広く有名になったものも多々ある。昭和39年東京オリンピックのマラソンで銅メダルをとった円谷幸吉氏の遺書はつとに有名である。ご同輩には、ご記憶の方も多いと思うが、円谷選手の自殺は当時の社会を驚かす大事件であった。自殺の原因については本書では触れないが、その後の新聞やニュースで遺書の内容が明らかになるにつけ、さらに衝撃が広がった。遺書本文は長いのでここで掲載はしないが、その中で相手ごとに食べ物を挙げ繰り返し綴られている「美味しうございました。」という言葉が、何とも美しく、そして哀しく響き、実に多くの人に感動を与えた。川端康成や三島由紀夫も、絶賛するほどであった。社会から注目を集めているいわゆる有名人の場合、個人的な遺書でもこのように社会現象化することもある。

円谷選手の場合は、置かれていた状況や死を選ぶに至った理由について当時様々に報道され、多くの人がある意味、彼の死を共有していた。時を経て現在でも、生きることの意味や希望を失い、死を選ぼうとしている人が厳然として存在する。そのような人の場合、それこそ「遺書」でも書かなければ、その人の生も死も誰も理解しないまま、親族や数少ない知人の記憶に少しの間残るだけである。

別の見方をすれば、「遺書」は、そのようにしか使われないし、意味を持たないと言える。すなわち、自殺をしようとする人の、最後のお礼やお詫び、そして挨拶と自分が死を選ぶことの理由および心情の説明くらいの用途である。昨今は、メールやライン等の通信で、置かれている状況を抜け出せないというSOSも発信されることが多いので、事前に対処すれば遺書を見ることなく、ひとつの命が持ち直すこともある。

特に自殺するつもりもなく普通に生活している高齢者は、遺書を書こうと思うだろうか。遺書を書く動機が思い浮かばない。遺言書はあり得る。死に支度の一環として、エンディングノートで身の回りのことの整理を始め、財産のことなどはっきりさせておくべきと考えれば、遺言書を残そうという流れになる。

このように考えてくると、「遺言」も「遺書」もそれを書く人には、書くべき理由や必要性がある。一方、本書でオススメしている「辞世」は、誰にとっても書くべき必然性に乏しい。それこそ死に臨んだ本人が、それでは辞世でもひとつ残そうかと思わなければ存在しないし、それが存在しなくても誰も困らない。

これが、「辞世」のひとつの特徴と言える。言いかえれば、なくてもいいものをあえて残そうという意思の表れが辞世である。そのようなものであるからこそ、辞世を残す人には、まず遊び心が必要であるし、自分の人生を客観的に見る心のゆとりも必要なのである。

また、残す相手を想定しても、しなくてもいい。辞世は、言葉であり詩歌であるので、読み手として自分の子や孫を想定してもいいし、生きた証しとして広く読まれる形を想定してもいい。あるいは、人生の締めくくりに、ひとつの詩歌を残すことができたという満ち足りた思いのみでいい、という考え方もあろう。

このように、「遺言」「遺書」「辞世」を並べてみると、それぞれに役割が違うことに気づく。私としては、確固たる役割を持たない「辞世」の方が、他の二つよりもそれを残す人の生き様を鮮明に表すものだと思うが、いかがであろうか。

(5) 辞世にすべきあなたの人生

あなたは、これまでの人生に満足しているのだろうか。

おもしろい統計がある。ＰＧＦ生命が、20代から70代を対象に、人生の満足度について職業、収入、パートナー、満足を得たコト等の様々な項目からなるアンケート調査を実施し、「人生の満足度に関する調査2016」として発表している。個別の項目は飛ばして、「これまでの人生の総合的な満足度」の調査結果をここに紹介する。

まず、全対象者では、これまでの人生に満足している人は46％である。これに対して不満足は、25％。この結果には、何の感慨も抱かないが、これを男女別に集計した結果はおもしろい。ほぼ満足の割合は、男41％に対して女51％と、女性が10％も多い。女性の勁さ、したたかさがこんなところにも表れるのかと、感心してしまった。さらに年代別の集計結果では、30、40、50代の満足度はそれぞれがほぼ40数％であるが、60、70代では満足度67％にまで上昇している。この結果を独断的に分析してみると、現役世代を終えて少しは趣味や旅行などに時間を使うことができ、気持ちにも余裕が生まれ、自分の人生も満更ではなかったなと思う人がかなり増えると解釈できる。この統計データですべてが測れるとは思わないが、平和な日本に生きている高齢者のひとつの傾向を示しているとは言える。

満足であるかどうかは別にしても、人は皆それぞれに一所懸命に生きてきたという自負を持っていると思う。「来し方」を振り返ったときに、それは具体的な場面として蘇ることもあるだろう。第1章で、「来し方」とは、多分に間違った道筋を辿った人生でも、それでいいんだよと自己肯定されている思い出である、と書いた。しかし、ご同輩の中には、時間の作用で正当化された記憶だけでなく、時間がたっても、場合によっては時がたつにつれて、痛さを感じる記憶を一つ二つお持ちの方も少なからずおいでのはずだ。

「心に刺さったトゲが疼く」というと、歌謡曲の未練ソング（これは、私の大好きなジャンルなのだが）にありとあらゆる情景が歌われているように、未練や後悔を残すのはほとんど人に対してであって、物事に対してではない。選択しなかったパートナーには未練が残っても、選択しなかった職業については後悔など残らない。パートナーだけでなく、子供を叱ったときに不用意な一言で傷つけてしまったとか、友人が助けを求めてきたときに突き放してしまったとか、いろいろなことが心のトゲになる。それが痛い記憶となり、折に触れて疼くのである。来し方の記憶のほとんどすべては自己肯定されているが、ほんの一つ二つ「痛い記憶」が癒えぬまま残ってしまっている。

だがそれは、人生の瑕疵、あるいは汚点とみなすべきものではない。あのとき、どうしてあんなことを言ってしまったのか、あのときどうしてあと一歩が踏み出せなかったのかといった思いを秘めて何十年も生きてきたあなたは、実はすでにその痛い記憶への対処の仕方を知っているのである。思い出すたびに単純な心の痛みではなく、複雑な感情を味わう。強い後悔、ある種の諦念、優しい甘美さ、怒り、誇りなどなど、湧き起こる感情を、いつの間にか一つひとつ味わって楽しむようになる。そのとき、あなたの「痛い記憶」は、あなたの周りに漂う雰囲気になり、奥行きになり、そしてあなたの魅力になる。

ご同輩の67%がこれまでの人生に満足しているというデータは、私にはご同輩の67%が、「痛い記憶」を飼いならした魅力ある大人であるとも読める。そのような方々が、これからどんどん亡くなっていく。ほとんどの方は、その方が生きていたという証しを意図的に残すこともなく、人生を終える。

私は、皆さんが生き様や人生経験を残すことなくこの世を去ってしまうことが惜しいと、心から思っている。

人生経験といっても、金の儲け方とか、事業の起こし方とか、処世術的なノウハウはいらない。オレが若いときはこうだったとか説教じみた話も、勿論いらない。年寄りが話しておきたいことの多くは、若者は聞きたくないことである。それは、ご自身が若いとき、年寄りに説教されて気分が悪くなりこそすれ、目が覚めるようないい話は皆無だったことを思い起こされればいい。その理由は、ほとんどが自慢話だからである。基本的に60歳を過ぎたら、自分の自慢話は決してしてはならない。それは、話せば話すほど、人間としての底の浅さ、見識の狭さを宣伝しているようなものだからだ。

67％に該当するような方は、自慢話は飲み屋だけにして、普段は今を楽しみ、少し先の今をどう楽しもうかと考えることに専念される方がいい。そして、あなたの生き様をちょっとカッコつけて、辞世に残されるのがいい。

本書のお誘いに、ほんの少しの方がご賛同頂いても、新しい趣味の世界がひとつ広がる。ひょっとすると、新しい文化習慣が生まれるかもしれない。我が国には、古くから折に触れ詩歌を詠み、それに愛情や決意や遺訓などの思いを乗せるという文化習慣があった。それをそのまま復活させようという話ではない。何せ、「恋文」も死語になってしまいそうなご時世である。あなたは、まず、よりカッコイイ辞世を作ることに励まれれば、それを時代に合わせてどう残すかは、本書の最後にご提案したいと思っている。

(6) 辞世倶楽部と戒名ごっこ

死に臨んで、あなたの生き様を詩歌に残す。条件は、あなたが満足する言葉になっていれば、それで「ＯＫ」というのが、本書でオススメしている辞世である。ところが趣味として、いつでも何回でも作ってみましょうというと、「死に臨んで」という厳粛感は薄れる。お気づきと思うが、本書では辞世に厳粛さなどというものは全く求めていない。だから、「死に臨んで」というのは間違いかもしれない。「死んだときに残すように準備しておく、死に支度のひとつ」という意味にとらえるのが正しい。

趣味の辞世は、日常的にいろいろ作ってみて、いざ死んだときに、最後の作品がその人の辞世になる、とでも決めておけばいいのではないかと思う。オススメしておきながら、若干無責任かなという気もしないでもないが、その程度でいいのである。

そのような軽い気持ちで、たとえば還暦になったから始めようという人は、その人のお気楽な性格も災いして20年も30年も辞世の更新を続けなければならない。実はこれ、他人事でなく、私自身が心配していることである。オレの人生はこうだったと、自己肯定感と満足に浸りながら、ひとりで辞世を考えていると、5年もたたないうちに飽きてしまう。私個人の場合も、今以上の言葉は出てこない気がするし、少し前のものが良かったような気もしてくる。

このマンネリ感は、ひとりで模索していることに原因があると思う。趣味の創作であればいかに辞世といえども、ちょっと発表したり、同好の士と出来栄えを自慢し合ったりする場が必要なのではないだろうか。それこそ「辞世倶楽部（仮称）」とでも言うような同好会があれば、句会や歌会のように月に一度と言わなくても四半期に一度くらい、渾身の辞世を持ち寄って披露し、仲間の辞世を誉めたりけなしたりして、一段と楽しめるのではないだろうか。そのような場があれば、新しい刺激も受け、辞世レベルアップの意欲も継続できると思う。勿論、辞世に優劣、良し悪しはないから、字余りであろうと切れ字がなかろうと、全く関係ない。言う方は言いたい放題、言われる方は馬耳東風でいいのである。

このような辞世倶楽部は結構楽しめる場になりそうなので、昼間の開催でもいいが、やはり旨い酒と肴を味わいながら、じっくりとあるいは侃々諤々と、蘊蓄を飛ばしながらやるのが醍醐味ではないだろうか。

現実的には、新規に「辞世倶楽部」を発足させるには、まず同好の士を募るところから始めなければならないので、少し手間がかかるかもしれない。そのときは、既成の句会や歌会で、ある時期の会の題を「辞世」としたり、会の中で有志による辞世の会をオマケで作るなどして自然発生的に発足させるのがいいだろう。

本書がご縁で幾人かでも一緒に辞世で遊ぼうという申し出があれば、「辞世倶楽部」をひとつ立ち上げたいと思う。

話は辞世から少しそれるが、キーワードや辞世の案をいろいろ練るついでに、「戒名」を作るのも、気分転換になる。その戒名を生前戒名として使う場合は、仏教徒に限定されるが、所詮、気分転換の「戒名ごっこ」であれば、神道、キリスト教でも一向にかまわない。

ただし戒名で遊ぶには、その決まりを知っておく必要がある。戒名とは、死後、仏様の弟子としての名前であり、大体「○○院□□△△居士」というような並びになっている。

「○○院」は院号といい、お寺を建立するほどの貢献をした人がつけることになっているが、それなりのお布施を払った人もつけている。「□□」は道号といい、その人の性格や悟りの境地を漢字2文字で表す。「△△」が戒名であり、自分の名前から一文字、師匠や仏字から一文字で構成する。「居士」は位号といい、他に信士、大居士、女性には信女、大姉などが使われる。

この並びと意味、また字数を一応の決まり事として、何人かで自分の戒名、他人の戒名を作る遊びである。であるから、菩提寺に戒名をつけてもらうときのお布施が高すぎるというような話は、本書では関係ない。院号も位号も贅沢し放題である。

まず参考までに、有名人の戒名をいくつか紹介すると、

「文献院古道漱石居士」：夏目漱石

「陽光院天真寛裕大居士」：石原裕次郎

「茲唱院美空日和清大姉」：美空ひばり

戒名がその人の生き様をよく表していると思う。

また、変わったところでは、立川談志が生前自分で作った戒名は、

「立川雲黒斎家元勝手居士」

である。戒名は、自分で作ってもいいようで、生前に菩提寺とよく相談をして、受け入れてもらえるようにしておくことが必要と、ものの本には書いてある。

それでは、「戒名ごっこ」について説明する。

気心の知れた数人（4、5人くらいが適当）が集まったとき、これは勿論飲み会に決まっているが、興が乗ってきたときにこれをやると、いい年した大人が実に盛り上がる。したがって、少し大きな声を出しても許される飲み屋の2階とか、温泉旅行で寝る前の部屋飲みなどが、最適な場所と言える。

まず、銘々が自分の戒名を作る。これに3分以上かけると座が白むので、さっさと作ってしまう。それを、順次発表する。そして、周りから駄目出しの矢が飛んできて、散々いじくり回された後、皆が（本人以外）納得する戒名が出来上がる。言わば、集団つるしあげを、代わり番こにやるようなものである。

今のご時世、教育上はよろしくないかもしれない。

たとえば、非常に物知りであらゆることに一家言を持っている友人は、本人は知恵が溢れ出るのだという戒名を発表した。しかし、皆の意見は、要はうるさいだけで何の役にも立たないと却下、修正された。結果、「騒音院多言無意味居士」。これでは、戒名が3文字になっているということで、言語明瞭意味不明から「騒音院多言不明大居士」に決まった。本人からは不平の申し立てがあったが、「大」居士に格上げしたので我慢しろという裁定で本人以外は落ち着いた。

さらに、植物が好きで良く野山を歩いているという友人には、「雑草院呑気徘徊居士」。他者からは掘り込みが足りないと不評だったが、代案がないのでこのままにした。本人には、自作の戒名よりいいと気に入られた。

「戒名」も辞世と同様に、生き様を表す言葉でできている。道号はその人の性格等を反映させるのでどのような二文字を当てるかと考える。院号から戒名まで含めて全体的印象として、どのような言葉でその人の生き様を表現できるかと考えるのは、人生のキーワードを肉づけして、どのようにカッコイイ辞世を作ろうかと考えるのと、全く同じプロセスである。

気分転換に「戒名ごっこ」をご紹介したが、思考経路は辞世と同じである。本章（3）で、辞世の例に挙げた「不器用な商売人」の戒名として、こんなのはどうであろうか。

「損得院人好小商信士《そんとくいんひとよしこあきないしんし》」

冥土みやげの酒話

酒の泡には夢がある

泡の出る酒。ビール以外にも、まずシャンパン、発泡白ワイン、シードル、そして日本酒がある。共通するのは、噴き上がること。シードルはちょっと違って、頭の上のボトルから腰の高さのコップに滝の白糸のように注いで泡を出す。

シャンパングラスに立ち上る泡を見ていると、秘め事のような祝い事のような胸騒ぎを感じる。発泡ワインの栓を空中に抜くと４ｍは飛び上がる（ＢＢＱのときの実験結果）。

とある酒場では、日本酒の「にごり（発泡）」は最初に注文する。10人分の注文が集まれば、店の真ん中に盥《たらい》を置きそこで一升瓶を開封する。１ｍほどの噴水を皆で楽しんだ後、小分けの一合を味わう。

泡が出る酒は、ひとりでは飲まずに、大勢で楽しんだ方がいい。美味しいのは勿論であるが、驚きがあり歓声があり遊びがあり、そして夢がある。

3 辞世はこんなにおもしろい

(1) 辞世は日本独自の文化？

我が国で最も古い辞世は、誰のもので、どのような歌であったのだろうか。それは何と、我が国最古のヒーロー、ヤマトタケルのようである。奈良時代（8世紀前半）に編纂された歴史書の『古事記』『日本書紀』に、それぞれ「倭建命」「日本武尊」と表記され、「やまとたけるのみこと」と読む。実在の人物であったかどうかについては諸説あるようだ。本書では、大和の国の勇ましい若者が諸国を平定していったというストーリーがあり、死に際にいくつか歌を詠んだことが歴史書に残っていることが重要である。

倭《やまと》は　国のま秀《ほ》ろば　たたなづく
青垣　山ごもれる　倭し　うるはし

中西進氏の著書「辞世のことば」から引用したが、これが現在に残る最も古い辞世の歌である。あまたの戦に連戦連勝していたが、伊吹山で敗戦を喫する。しかし、父は大和への帰還を許さない、という状況での望郷の歌である。歌の意味は、「倭はこの国土の中で最も素晴らしいところだ。青々と垣根のように美しい山々が連なっている。」と、帰還できない故郷への賛美である。

中西氏の著書によれば、「古事記」には、病でまさに死ぬ間際に歌ったとされる、

嬢子《をとめ》の　床の辺に　わが置きし　剣《つるぎ》の大刀《たち》　その大刀《たち》はや

という女性への追慕の歌が載っているとのこと。それも、伊吹山の決戦を前に床を同じくした女性のところに大事な剣を置いてきたという歌であるそうな。死に臨んでという意味では、こちらが辞世と言えるが、ヒーローの辞世として、いわゆる未練ソングはふさわしくないと、誰かが言ったのかもしれない。私と

しては、日本の男子は神代のころからお調子者で未練たらしいと評価されるような歌が、我が国最古の辞世である方が何となく嬉しい。

辞世の歴史は、記紀にまで遡ることになってしまったが、記紀はすべて漢文であるので、中国の文化が流れ込んだ時代、多分に「史記」を意識した歴史書であったのだろう。それでは、中国に辞世はあったのか。十分な調査はしていないが、戦乱と殺戮の歴史の中で、刑死する貴族などが詩を残すことはあったようだ。

死に臨んで、言葉を発するというのは、古今東西、自然な感情の発露であり、それが現在まで伝わり残るためには、その人の名前、立場、死の状況、言葉を文字にする人などの条件が揃っていることが必要である。ごく限られた人の生き様しか辞世として残らないが、それでも歌が残っているだけで、その人の生き様に後世の人は思いを馳せることができる。

我が国が、漢文のままで現代中国のように文化を紡いでいたら、辞世どころか、日本文化も現在のような発展は見せなかっただろう。しかし、日本人は、中国から伝来した漢字も使いつつ〝かな〟を発明した。それによって言葉の表現方法、音《おん》を文字にする自由度が画期的に増加した。同じ音《おん》で違う意味を持つ言葉や、どちらから読んでも同じ音《おん》になる言葉など、なぞなぞやしりとりなどの言語遊戯には格好の素材であったのだろう。わらべ歌や和歌がどのように生まれどのように成熟していったのかにも興味はあるが、本書の守備範囲ではない。

しかし、薄学の身ではあっても、平安時代には（といっても平安時代というのは5世紀間にもまたがりすごく長いのだが）、いろは歌や古今和歌集や源氏物語など言葉の文化が花開いたことは知っている。同じかなを2度使わないいろは歌は、「あいうえお」が出てくるついこの前まで「いろは47文字」としてかなの基本であった。また、和歌の集大成は、鎌倉時代初期に藤原定家が選んだ「小倉百人一首」ではないだろうか。歌を上の句と下の句に分けカルタ遊びとしたところに、言葉遊びの極致を感じる。

このような絢爛豪華なイメージの平安文化は、貴族階級のものであった。

「確か、庶民も貴族よりたくさんいたはずだよな」と思って調べてみると、何と、貴族は平安京のみに居住し、平安京の人口（諸説あるがほぼ10万人規模）の十分の一程度で、一万人くらいということである。平安時代の日本の人口が、5、600万人と推定されているから、これから平安京住人を差し引いたとしても大多数の庶民は、地方では竪穴式住居などに生活していたということである。

これは、現在問題になっている格差社会どころではない。平安京とその外側では、時代が違うようなものである。当時の社会問題は別にしても、日本の文化の基礎は、一万人くらいしかいないごくごく特殊な人たちによって、形成され後代に伝えられたことになる。これは、奈良時代やそれ以前も同様であって、やはり、言葉を紙に書いて残すことは大事である。

残された言葉や物語、日記が描く平安京貴族の日常は、権謀術数と自由恋愛に明け暮れていたようである。現在のメールのように、思いを乗せた和歌が飛びかっていたに違いない。その中で、平安京の申し子のような恋多き人生を歩まれたお二方の辞世を紹介しよう。

生くべくも　思ほえぬかな　別れにし　人の心ぞ　命なりける
（和泉式部）

つひに行く　道とはかねて　聞きしかど　昨日今日とは　思はざりしを
（在原業平）

4度の結婚と奔放な恋に浮名を流した女流歌人の辞世は、「もう生きられそうもないと思うときには、別れた恋人の心が命の支えだわ」というものである。60年以上生きていたらしいが、いったい何歳のときの歌だろうか。すごいなぁと感心する。というよりも脱帽ものである。和泉式部という女性の、心の中までは十分に慮れないけれども、誰から何と言われようと心の欲するままの愛に生きるその激しい生き様は、時空を超えて伝わってくる。

在原業平は名門の貴族であるが、「伊勢物語」で「昔、男ありけり。」と紹介されるプレイボーイのモデルであったとされている。物語通りだとすると、イケメンで和歌がうまい（口説き上手な）色男であったらしい。どれほど色好みかは、皆さんが「伊勢物語」を読まれればいいが、辞世は、ちょっと情けない。体調を崩し、もう死ぬかもしれないと弱気になったときの歌である。しかし、人の辞世に文句をつけてはいけないので、よくよく味わってみると、「人は死ぬとは聞いていたけど、昨日今日とは思わなかったヨ」という本音を、ここまで素直に歌にできるのは、この人はきっといい人だったに違いないという気がしてくる。

それから時代は、鎌倉、室町、戦国と移っていく。貴族に代わって、武士が台頭する過程である。為政者が貴族から武士に代わっても、歴史や文化は、限られた社会階級のものであった。そして辞世の書き手も、貴族や僧侶から武士へと代わっていく。歴史に名だたる多くの武将が、辞世を残している。源氏や平家の武将たちの辞世にも、味わい深いものがあるが、ここでは、織田信長、豊臣秀吉、徳川家康のお三方に武士代表としてご登場頂こう。

人間五十年　下天《げてん》のうちを比ぶれば　夢幻《ゆめまぼろし》のごとくなり
一たび生を得て　滅せぬもののあるべきか（織田信長）

露とをち　露と消へにし　わが身かな　浪速《なにわ》のことは　夢のまた夢
（豊臣秀吉）

先に行く　あとに残るも　同じこと　連れてゆけぬを　わかれぞと思う
（徳川家康）

この3人の生い立ちや生き様は、大河ドラマや映画、小説などに多く取り上げられているので、皆さんにも馴染み深いのではないだろうか。それぞれ、誰のファンかで酒席で盛り上がることもある。

一番有名なのは、信長の辞世ではないか。これは、幸若舞の「敦盛」の一節であり、信長が好んで舞っていたものである。しかし、信長本人の辞世として読んでみても、全く違和感がない。50歳を目前に本能寺に斃《たお》れる無念を、信長は最後に自分の辞世として歌いかつ舞ったのではないだろうか。

秀吉の歌は、哀しい。天下の栄華を独占した秀吉が、死に際に自身のことを「露の一滴」ではなかったかと思い、大阪城にまで至った道のりが「夢」であったと思う。他の人のものであれば、人生の儚さを見事に歌った辞世であるが、これを天下を極めた秀吉が残したことに、秀吉の孤独の深さが垣間見えて、人生は哀しいなという感想を抱いてしまう。

家康の歌は分かりやすい。後追いの殉死を諌めた遺言であるという定説であるが、最後まで、苦労人の気遣いが感じられる。

江戸時代で有名な辞世は、やはり「忠臣蔵」の関係者のものだろう。浅野内匠頭ほか、四十七士の面々も、それぞれに辞世を残している。忠臣蔵関係は、それぞれの生き様、死に際をここで紹介しなくても、皆さんご存じと思うので割愛する。

私が注目したいのは、江戸時代になってやっと庶民の声や文化が伝わるようになってきたことである。歌舞伎、相撲、浮世絵、かわら版など、猥雑ではあっても活力に満ち溢れた庶民の文化と言える。現在、クールジャパンと言われて、外国人に人気を博しているのも、この時代の芸能や流行りものである。そしてこの時代、辞世も庶民のものになった。

地獄なし　極楽なし　我もなし　ただあるものは　人と万物（山片蟠桃《やまがたばんとう》）

草の上に　蛍となりて　千年を待たむ
妹《いも》が手ゆ　黄金の水を　給ふと言はば（良寛）

人魂《ひとだま》で　行く気散《きさん》じや　夏の原（葛飾北斎）

この世をば　どりゃお暇《いとま》に　線香の　煙とともに　灰《はい》左様なら

（十返舎一九）

最初の山片蟠桃をデジタル大辞泉を引用して紹介すると、「江戸後期の商人・学者。大坂の両替商升屋に番頭として仕え、主家の興隆に尽くした。また、懐徳堂で儒学を学び、さらに天文学・蘭学を修め、合理主義精神を持つ独創的思想家として知られる。」とあるが、彼は天文について、宇宙空間には恒星が三次元的に分布しその恒星には惑星もある、というような考えを著書に残している。蛇足であるが、大阪府は昭和57年度から司馬遼太郎さんの勧めにより「山片蟠桃賞」を設け、日本文化を国際的に紹介した人に賞を授与している。

紹介が長くなったが、そのような宇宙的視点を持った人物の辞世であれば、なるほどと思うが、若干味気なく生き様が見えてこない。

良寛の辞世は、子供と戯れるイメージそのままである。世話を焼いてくれる下女に、黄金の水（酒）を手渡してくれるなら、蛍になって千年も待つよ、というものである。五七七五七七の旋頭歌の形式である。

「富嶽百景」で有名な浮世絵師葛飾北斎は、画業の奥義を極めることに狂的なまでに執着した。90歳で死ぬときに残した言葉は、「天、我をして五年の命を保たしめば、真正の画工となるを得べし」。この、画と生への思い入れの深さには畏れ入るが、辞世として伝えられている句は、「暑い夏の野原も、人魂で飛んで行くから気儘なものだ」と、さっぱりしていて、生への執念を表していない。死ぬ間際の言葉の方が、よほど北斎らしいと思うのだが。

十返舎一九は、文字通りである。最後まで飄逸に生ききったということだろう。私が好きなので、つい紹介してしまった。

このように、庶民のものになった辞世は、生き生きしている。死に際の言葉が生き生きしていると言うのは変であるが、庶民は武士のように死に際まで体面を保つ必要がないから、生き様が素直に表れやすいのではないだろうか。

次に辞世が大量生産されたのは、いわゆる明治維新のころであろうか。

江戸時代の終わり、いろいろな立場や考え方の人たちが世の中の変換点で大きな渦の中に巻き込まれていった。たまたま生き延びて、対岸に辿りついたのが長州や薩摩という勢力に属する人たちであった。と、私は思っている。このとき、あまりにも多くの死があり、辞世も思いを込めたものが残っている。ここでは、一応勝った側と、負けた側からひとつずつ紹介するにとどめたい。

おもしろきこともなき世をおもしろく（高杉晋作）

なよたけの　風にまかする　身ながらも
たわまぬ節は　ありとこそ聞け（西郷千重子）

幕末の人物で、あまりにも有名な高杉晋作、そしてあまりにも劇的な生涯。23歳ころからいろいろな奇行で周りを驚かせ、27歳、結核で死亡。その間のことは、数多く書かれているが、本人はあまり何も考えない人だったのではないかと私は思っている。彼の考えを表したものもなく、その行動だけが残っている。それも、長州が幕府や諸外国を敵に回したので、長州のために戦うという一事だけではなかったのか。時代のドサクサを楽しんで、遊びにしていた、というと言いすぎであろうか。辞世は、そうだと言っている。

会津藩家訓十五カ条は、徳川4代将軍家綱の代（1668年）に制定され、以後幕末に至るまで、藩内は婦女子に至るまで骨に染み込むような教育を受けていた。その骨子は徳川家に忠誠を尽くすことで貫かれており、忠誠心と礼節を分かりやすい言葉で示している。この会津藩が、倒幕勢力に対峙するのは、自然の成り行きとも歴史の皮肉とも言える。結果として、白虎隊に代表されるような無残な死が、会津には累々と積まれた。

西郷千重子は、当時の会津藩家老の妻である。1868年9月22日に会津藩は、官軍の攻撃に耐えきれず降伏した。千重子の辞世はその翌日に詠まれた。千重子のように、家訓を守り、足手まといにならないようにと自刃した婦女子は、この一日だけで200人を超えている。家訓制定から丁度200年である。私は、会津藩全体がこの家訓によって滅んだように思えてならない。この辞世は、その不条理や残酷さを一首で表現している。

明治から大正、昭和にかけては、明治維新の余勢を駆った、時の為政者たちの思い上がりで、多くの庶民が、それも多くは善良で有望な若者が死に追いやられた。私たちは、死にそこなった若者たちの流れを汲む世代とも言えよう。私たちは「戦争を知らない子供たち」であるが、戦争でどれだけ無駄に命が浪費されたかは知っている。

その命の叫びが、たとえば特攻隊の辞世として残っている。特攻隊の辞世は本章(3)で一首だけ紹介するが、彼らの多くの遺言や辞世には何故か違和感を覚えてしまう。死にゆく人の言葉という意味では、まさに心情の発露を読み取れるのだが、自ら死を選ぶ人、死に臨んで言葉を残す人、忠や義に殉じて死ぬ人と違って、本人は望まないのに国から死を強制されている人の心情である。両親、妻、恋人、子、友人などに宛てた遺言には、お礼やお詫びの言葉の裏に、生きたいという強い思いが見え隠れするが、あらためて辞世というと、御国のために死ぬことができて幸せというものばかりである。

人は、そのときの国の方針や社会の雰囲気でいとも簡単に死んでゆく。今の我が国の画一的で怒りっぽい雰囲気は、大丈夫であろうか。老爺心ながら心配である。

また、辞世で特徴的なのは、大正後期から昭和にかけて、作家が相次いで辞世を残して自殺していることである。有島武郎、芥川龍之介、太宰治、田中英光、三島由紀夫など。それぞれ自殺の理由は異なるし、残された辞世も死を選んだ原因を端的に表している。いくつか紹介する。

愛の前に死がかくまでに無力なものだとは
この瞬間まで思はなかつた（有島武郎）

水洟《みづばな》や鼻の先だけ暮れ残る（芥川龍之介）

散るをいとふ世にも人にもさきがけて

散るこそ花と吹く小夜嵐（三島由紀夫）

さすがに作家だけあって、辞世も思い込みの強い過剰な表現に彩られており、私の趣味ではない。それらの辞世より、私は、芥川や太宰の自殺を横目で眺め、「生きることだけが、大事である、ということ。たったこれだけのことが、わかっていない。〈中略〉いつでも、死ねる。そんな、つまらんことをやるな。いつでも出来ることなんか、やるもんじゃないよ。」（「不良少年とキリスト」）とうそぶいている坂口安吾の言葉の方が好きである。

辞世は、日本独自の文化かな？　という疑問の答えを求めて、我が国最初の辞世から移り変わりを辿りながら辞世を味わってきた。それぞれの時代の雰囲気が辞世の表現に表れることは分かった。しかし、死に際の言葉を残すという、ある意味、人間の根源的な欲求は国を越えて存在する。結論としては、日本独自であろうがなかろうがかまわない。ただ、これだけ色彩豊かな言語表現を駆使して、あらゆる階層、職業にまで死に際のひとつの嗜みのように引き継がれてきた生き様の残し方は、あまり他国に例を見ないし、十分に我が国独自の文化と誇れると思うが、いかがであろうか。

(2) 生き様が浮かび上がる辞世

生き様が浮かぶ辞世というと、自らの所業の結果として刑死を受けざるを得ず、その受刑に臨んでの辞世がある。嗜みとしてあらかじめ準備している場合や、その場で言葉を絞り出す場合があっても、無念、諦観、悟り、後進への期待などの様々な思いが強くにじみ出ているものが多い。

まず、幕末の大きな渦に巻き込まれ一番深い渦の底に葬られた志士の辞世。人斬り以蔵と呼ばれた岡田以蔵である。以下は、私の解釈である。

貧しい郷士の子として、武市半平太に師事し土佐勤王党に加わる。剣の腕を見込まれ、武市に指示された暗殺を受け持つテロリストになる。京都では、天誅の名人ともてはやされるが、暗殺を重ねるごとに心に暗い闇が広がっていく。

それに耐えきれず、酒色に溺れ、捕縛され、拷問を受け、暗殺の裏側を次々と自白してしまう。結果として、昔の同士からも命を狙われ、最後は、自白した暗殺の罪で、打ち首、獄門（3日間の晒し首）になった。要は、汚い仕事を受け持たされいいように使われて、切り捨てられた捨て駒であった。27歳の辞世である。

君が為　尽くす心は　水の泡　消えにし後は　澄み渡る空

心を尽くした君とは、いったい誰であろうか。ストレートに考えれば、青春のすべてを託した武市瑞山（半平太）か土佐勤王党であるが、だとすればあまりにも哀しい。それが水の泡だったと悟った上で、見上げる澄み渡る空には虚無の風しか吹いていない。闇の奥底を見た人間の、暗い生き様が痛いほど伝わってくる。

次は、明るいと言ったら語弊があるが、最も派手な刑死というと、石川五右衛門の右に出るものはいないだろう。安土桃山時代の大泥棒である。鼠小僧次郎吉と並んで、現在に至るまで、知らない人はいないと言っても過言ではない。有名ではあるが、豊臣秀吉を殺害しようとした義賊という説をベースに浄瑠璃や歌舞伎に取り上げられ、虚像のみがどんどん膨らみ、実像が謎のままの御仁である。確実なのは、実在したということ、三条河原で釜茹での刑で死んだこと、辞世を残したこと、立派な戒名と墓があることである。大泥棒として処罰されるが、罪状は分からない。極悪非道の悪漢か、はたまた義賊で庶民のヒーローなのかも分からない。

しかし、私たちがイメージしているのは、アフロヘアに金襴どてら、長いキセルを吹かして、南禅寺三門から、「絶景かな、絶景かな、春の眺めは値千金とは小さいたとえ、この五右衛門が目からは値万両、万万両。日もはや西に傾きて、誠に春の夕暮れの、桜の色もひとしお、ひとしお。ハテ、うららかな眺めじゃナァ～」と見得を切る姿である。

その生き様に、尾ひれどころか、背びれ、胸びれもついているから、何を言っても嘘か本当か分からない。ということで、釜茹での刑について。釜の中は煮えたぎる油であったという説もあり、茹でではなく揚げ、想像もしたくない凄惨さである。ひとり息子と一緒に刑を受けたが、息子不憫で頭上に抱えたという説、可哀想なので先に沈めて死なせてあげたという説、熱いので自分の足の下に敷いたという説、と三つの説がある。まさか五右衛門風呂の敷き板ではあるまいし、3番目の説はないだろうと思うが、自ら釜に入る前に詠んだ辞世は、本当である。

石川や　浜の真砂は尽くるとも　世に盗人の　種は尽くまじ

これも、思わず金欄どてらで見得を切ったのだろうかと思うほどの、歯切れの良さと風刺の鋭さである。

戒名は、「融仙院良岳寿感禅定門」。もう皆さんは、戒名ごっこで戒名の構成をご存じだが、特別な刑を受けた泥棒にしては、院号もついて立派な戒名である。位号の禅定門は居士の下くらいであるが、戒名に良や寿のように良い文字を戴いているのは、義賊で人気があったという証拠なのかもしれない。その方が刑の重さや辞世の言葉とも整合する。

どのような辞世にも生き様が表れる。中には、生き様のみならず性格や考え方まで顕著に表れているものもある。細川ガラシャの辞世は、まさにその代表であり、その死に様で海外にまで影響を与えている。

細川ガラシャは明智光秀の娘で、本名はたまという。細川忠興に嫁ぎ、夫に隠れてクリスチャンになった。ガラシャは、洗礼名である。聡明で美貌の持ち主と評判が高かったが、反逆者の娘としていつも幽閉状態であった。さらに嫉妬心の強い忠興からは、人質になるようであれば自害しろと言われていた。折悪しく、石田三成が挙兵に際して、家康側武将の正室を人質にとる作戦をとり、当然細川家にも要求が来たが、ガラシャはこれを頑として拒絶した。屋敷を包囲までされてしまったので、従者らを逃がした後、クリスチャンとして自害はできないので、家老に胸を刺させて死んだ。その後、家老は家に火を放ち自らも果てた。

ちりぬへき　時しりてこそ　世の中の　花も花なれ　人も人なれ

「散るべき時を心得てこそ、花は美しさを全うできるし、人も人になれる」。何と力強く潔い言葉であろうか。ガラシャさんは、研ぎ澄まされた凛とした美しさを最後に残した。また、宣教師を通じて、その生き様は西洋にまで伝わりオペラになっている。

翻って、我が身を顧みるとき、散り際、引き際を、自分はどのように考えているのかと、思わず背筋を伸ばして自問してしまう。諸先輩、ご同輩の中には、この散るべきときを見極めきれずに、晩節を見苦しくされている方も見受けられる。ガラシャさんの潔さを、少し見習いたいものである。

話はまた、ガラッと変わってしまうが、私は若いときから落語が好きである。多くの落語家を知っているが、この人は知らなかった。今もこの人の噺は知らない。調べてみると、噺は下手だったようである。しかし、この人、三遊亭一朝の辞世は、インパクトが強すぎる。

　あの世にも　粋な年増がゐるかしら

　明治時代の噺家である。この一言だけで、この人の生き様を彷彿とさせる。死んでいくときも屈託なくニヤッと笑っていそうだし、この辞世を知った人たちもニヤッとしてしまう。秀逸だし、大好きな辞世である。

　辞世が生き様を表すと話してきたが、逆に辞世が生き様を左右することもある。

　結果的に死ぬ10年も前に詠んだ歌をいたく気にいって、その通りに死ねるように、いろいろ頑張った方もいる。その人は、西行である。

　願はくは　花の下《もと》にて　春死なむ　そのきさらぎの　望月のころ

日本人の桜への憧憬は深い。たんに開花や落花を愛でるだけでなく、満月に照らされて樹の下で花びらに埋もれて死にたいという願望も根強くある。それは、自らの死の最も美しい姿として、あるいは死の最高の演出として、ひとつの完成形となっているのだろう。

さて西行は、どのように生きたのであろうか。出家僧であるから旅が棲み家である。23歳で出家して73歳で亡くなるまでの50年間、漂泊に生きた。その間、徹頭徹尾、花や月や自然の万物を愛し、それを歌にした。西行の言葉によると、一体一体仏を彫るように歌を紡いだとのことである。たとえば、「雲にまがふ花の下にて　ながむれば　朧に月は　見ゆるなりける」。雲と間違えるほどに咲き誇る桜の下からは、月は朧月のように霞んで見える、という意味である。これも満月なのであろう。自らの存在も花鳥風月の中に同化させたいという思いで歌い継ぎ、その途中で辞世とも言える歌が生まれ、またその歌のように死にたいと願い漂泊を続ける。まさに生き様が辞世になり、辞世が生き様になった。

旅の途中で、死期を調節したわけではないのだろうが、身を寄せた寺で桜の咲き始める如月16日に、願い通りに死んだ。

本書では、生き様を残す辞世を書きましょうとオススメしているが、あまりに早く自分の死に様のイメージを固めてしまうと、西行のように、死ぬときは絶対こうでなければという強迫観念に縛られてしまって、その後をお気楽に楽しめなくなるから、十分注意して頂きたい。

余談であるが、「トム・ソーヤーの冒険」などでお馴染みのアメリカの作家マーク・トウェインは、1835年生まれでハレー彗星が観測された年だった。「自分は、ハレー彗星とともに地球にやってきたので、ハレー彗星とともに去っていくだろう。」と周囲に吹聴していた。そして、1910年、周期通りに巡ってきたハレー彗星が観測された年に没した。

西行やマーク・トウェインのように、願ったり、言いふらしたりしていると、ひょっとしたら死ぬ時期は自分の思うようになるのかもしれない。これは大発見である。いつごろどのような状況で死にたいかというイメージをお持ちの方は、何かにつけ言いふらすのがいい。その時期が来てもあの世からのお迎えが遅れていたら、また次の目標時期を言いふらせばいい。外れても誰も困らないし、当たったらあの人は自分の死期を悟っていたと見直され、少しは尊敬されるかもしれない。

(3) 人生の一瞬を切り取ってみる

空を見上げると、雲がある。季節により雲の種類が違うし、見る場所によっても平面的に見えたり立体的に見えたりする。晴天雨天で異なるのは勿論のことである。ふと、山口百恵ちゃんの歌で「今年の人」は「流れる雲さえ季節の色だ」とか言っていたのを思い出したが、確かに色も千変万化である。さて、皆さんはどこから見るどのような表情の雲がお好きだろうか。

聞かれてもいないが、私の好みを申し上げると、飛行機の上から眺める雲が好きである。眼下に平面的に広がる雲ははるか彼方のその端っこに無限を感じさせるし、雲の中にいて湧き上がる立体的な雲を見ると、ラピュタを目指して龍の巣を抜ける宮崎駿のアニメと同じく異境に迷い込んだような感覚になる。さらに熱帯地方の夜間飛行では、眼下に稲妻が電気経路の明滅のように光り、その瞬間浮かび上がる雲の形は不気味な生き物のように見える。

雲の見え方と同じように、人生のどの場面をどのような心理状況で眺めるかによって、その様相は全く違うものになる。そこで具体的なイメージとして、あなたの人生が大きい積乱雲だと仮定してみる。ひと固まりの積乱雲は水と氷の集合体に過ぎないが、雲の真下の地上からは夕立ちを降らせる黒い雨雲であり、少し離れた地上から見ると青い空に地上から盛り上がる真っ白な入道雲である。また、飛行機に乗り雲の横から間近に見ると、あたかも細胞分裂による増殖のようにすごい勢いで水蒸気が凝結していくのが分かる。積乱雲は太陽の光を受けた外見は純白で穏やかな印象であるが、その中心部と直下は暗い灰色であり嵐を伴いもする。

あなたの人生もどこから見てどの場面を切り取るかで、それを表現する言葉が大きく異なる。すべて順調で穏やかな人生、家族愛に恵まれない寂しい人生、いいこと悪いことの起伏の激しい人生などといろいろな表現があり得るが、全く別の人の人生かと思うような言葉も、あなたひとりの来し方の中に思い当たる場面があるものである。それらの言葉を並べると、まさに支離滅裂な人物像が浮かび上がるが、人生が支離滅裂なのは当たり前であって、特別なことでも異論をはさむほどのことでもない。

これまで、辞世は人生を総括する言葉、あるいは詩歌として、その特徴を紹介してきた。辞世の作り方としては、生き様をひとつのキーワードに集約するという方法をオススメしてきたが、もうひとつの方法があるのでここでご紹介しよう。

それは雲の見方を決めるように、あなたの人生のある一瞬を切り取り、そのときの状況、感情、風景などを、言葉にすることである。その一瞬とは、あなたの記憶の中でいつ思い出しても昨日のことのように鮮やかに蘇る情景である。

その情景は、人生を左右するような場面であったり、ふとした日常の場面であったりするが、辞世として言葉にすることによって、あなたの生き様として定着させることができる。

どのような場面を選ぶのがいいのか。勿論、楽しい思い出であり、幸せな気分になれる風景である。そのような場面は、幼少期の記憶の中に多い。友だちと時間を忘れて遊びに夢中になっている場面、家族旅行の楽しい場面、スポーツの試合で優勝した瞬間などであろうか。間違っても、去っていく恋人の後ろ姿や、仕事で失敗してどん底の状況だったときなどを思い浮かべてはいけない。

どのような一瞬であれ、あなただけの情景は、多分誰のものとも似ていない。その分、言葉にするのが難しいかもしれない。記憶の中の映像をそのときの感情も踏まえて言葉にするとき、何を拠りどころにすればいいのだろうか。そのときの気持ちだろうか。何か象徴的なモノだろうか。あなたの感性が切り取った人生の一瞬は、何を使えば表現できるのだろう。多分、抽象的な気持ちよりも具体的なモノに意識を集中した方がいいと思う。あなたの情景の中で、あなたの人生において特別なモノを見つけることができたら、それはキーワードよりも強いインパクトを与えるだろう。

典型的な辞世を紹介する。

母上よ　消しゴム買ふよ　二銭給へと　貧をしのぎし　あの日懐かし

21歳の特攻隊員の辞世である。海軍中尉石川誠三は、昭和20年1月12日グアム島アプラ港にて、人間魚雷「回天」に乗り組み戦死。彼には、幼い日に母親に消しゴムのお金をねだっている情景が、キラキラした宝物であったに違いない。母親は、すぐにお金を出してくれたのだろうか。きっとやり取りの言葉もすべて、その情景の中に鮮やかに再現されているのだろう。戦争という国家暴力の犠牲となった命は、あまりにも小さい。しかし、死を前にした小さな命には、母親との思い出がすべてであった。

消しゴムを買うお金をねだっているというひとつの情景のみが詠まれた辞世

であるにもかかわらず、複雑な情感も詠み人の個性も見事に浮き出ている。これは、円谷幸吉の遺書が、一つひとつの食べ物とそれにまつわる人びととの温かな交情を、余すところなく表現していることにも共通する。

モノは物体でなくてもいい。食べ物や風景、場合によってはペットのような生き物でもいい。あなたが思い出す情景の中心に位置して、出現頻度が多いモノである。

私の場合、それは雲である。何故かは分からないが、もの心ついてから嬉しい場面も悲しい場面も私の脳裏に浮かぶ情景の中には雲があった。生まれ育った長崎の空に浮かぶほうき雲やひつじ雲や入道雲である。ちなみに、長崎は雨ばかりではないのである。

どのような情景であれ、思い浮かべれば必ずそのときの感情も蘇る。情景の中のモノを意識しながらそのときの感情を追体験していると、自ずと言葉が浮かんでくる。その言葉は、必ずあなたの生き様を浮き彫りにしている。何故ならば、積乱雲のようなあなたの人生からあなたの脳が自然に切り取ったいくつかの情景は、あなたにとって最も大事な、また最も愛すべき瞬間に違いないからである。

「消しゴム」や「雲」以外の事例を用いて辞世の作り方を解説しても、適切ではないと思う。あなた自身の情景を他のものに置き換えて説明しても、意味がないからである。

試みに、あなたの記憶のアルバムの中から、死んだらお棺に一緒に入れたい一枚を選べばいい。孫の写真なんてのは、駄目である。あなたの来し方の特別な情景を写す一枚である。それが見つかれば、自ずと言葉が湧き出て、辞世ができるはずである。

（4）昔の辞世にヒントがいっぱい

これまで、いろいろな人が様々な場面で詠んだ辞世を紹介してきた。まず、おもしろいと思って頂けただろうか。次に、辞世には思った以上に詠んだ人の生き様が表れるものだとお感じ頂けただろうか。さらに、こんなのなら自分もちょっと作ってみようかなと、軽い気持ちを抱いて頂けただろうか。

辞世を作る、あるいは詠むということは、あなたの独断と偏見をフルに発揮させる作業である。何度も申し上げるが、自分の生き様を言葉で残すことは、あなた自身の責任の範囲であって、どんなに近しい人であっても他人から批判や文句を言われる筋合いのものではない。日本人は真面目なものだから、つい、いろいろなことを良いとか悪いとか批評したがる。世の中には、良い悪いを断じることができないこと、どうでもいいことの方が圧倒的に多いのである。

同じ批評でも、「辞世倶楽部」で批評し合うのはお遊びである。もともと、お遊びで辞世を作りましょうというのが本書の趣旨であるから、辞世をもとに遊び事が広がるのは嬉しい限りである。

これまで紹介してきた辞世も、それを真面目に詠まれた作者ご本人には申し訳ないが、遊びの材料と思えば、また、新しい発見もあり、皆さんがこれから作る辞世にも大いに参考になることが多い。

本章（1）で、高杉晋作の辞世「おもしろきこともなき世をおもしろく」を紹介した。この辞世は、高杉晋作という人物を皆さんがどのように感じているかによって、それぞれ違う解釈ができる。さらに、高杉自身が詠んだ句は「おもしろきこともなき世におもしろく」であったという説もある。「を」と「に」の違いでも、随分とニュアンスが異なってくる。

強気の高杉であれば「─世を、自分がおもしろい世の中にしてやる。」と豪語していそうだし、飄々とした性格を反映させると「─世を、自分はおもしろく生きていこう。」という解釈が自然に思える。また、おもしろいこともない世の中を単なる環境と思えば「─世に、おもしろく生きてきたなぁ。」と、自身の人生を肯定的に振り返る辞世ともとれる。

このように、後の世にその辞世に接する人がいくつかの解釈を楽しめるような仕掛けは、本人の意図かどうかは別にして、辞世のおもしろいところであろう。高杉の辞世には、さらに遊べるような仕掛けがある。彼の辞世は、五・七・五からなるが、連歌の発句のようにこれに続く七・七の脇句を誘うような余情がある。だから、他の人が、発句を受けて七・七をつけたくなる。そして実際に脇句をつけた人がいる。

それは野村望東尼である。歴史的には幕末の女流歌人と言われているが、福岡において志士の支援を行っていた。そのような活動を福岡藩から咎められ、玄界灘姫島に流刑になっていた。それを、高杉は奇兵隊を救助に差し向け、助け出し、長州に連れてきている。その後、母親ほどに年の離れた望東尼と死ぬまで交流したと言われている。

その望東尼の脇句は、「住みなすものは心なりけり」。高杉の辞世と繋げると、

おもしろきこともなき世をおもしろく　住みなすものは心なりけり

となる。全体の意味は、「おもしろくもない世の中をおもしろく生きていくためには、気の持ちようが大事だよ」とでもなろうか。発句だけで辞世の意味を探ると、高杉の個性そのままに表面的な感情表現と解釈してしまうが、酸いも

甘いもわきまえた望東尼が問いへの答えのように脇句をつけると、さらに味わい深いものになる。

　このように、発句と脇句を別々に詠んで連句のように繋げるという方法も、辞世を作るときの参考になる。練習のつもりで、高杉の辞世を借用して脇句を考えてみよう。望東尼のような境地を目指す必要もなく、どのような脇句にしても高杉に怒られるわけでもない。

　望東尼の脇句をちょっとだけいじって、

「住みなすものは遊びなりけり」

　高杉の生き様に少し思いを馳せて、

「つま弾く三味と　大砲の音」

　高杉と全く無関係に、自分の辞世と考えて、

「過ごせし日々は　夢のごとくに」

　たとえば、あなたが自分の辞世として、

「おもしろきこともなき世をおもしろく　過ごせし日々は夢のごとくに」

を残したいと思われれば、そうすればいい。ただし、あなたの辞世を読む人の多くは、高杉晋作の辞世を使っていることが分かるし、どこかで聞いたような言葉だなと思うから、それでもいいのだという覚悟は必要である。

このように昔の人の辞世を参考にしたり、一部借用したりしても、著作権法等の法律には抵触しない。しかし、昔の人への敬意はどこかに表現しておきたいものである。

もうひとつ、三遊亭一朝師匠の辞世「あの世にも　粋な年増がゐるかしら」を発句に、皆さんも脇句づけを練習してみたらいかがだろうか。参考までに、私が考えた脇句をひとつご披露すると、

「あの世にも　粋な年増が　ゐるかしら　ゐたらも一度　差しつ差されつ」

我ながら、座布団もらえるほどの出来栄えと思う。これを私の辞世にしよう、かしら。

さて、脇句づけで随分と遊んでしまったが、昔の辞世をいろいろ眺めている

と、辞世を書く時点でその人が、それまでの来し方を短かったと思っている場合と、長かったと思っている場合があることに気づく。多くの辞世は、人生短いものだという感慨を含んでいるようであるし、私たちが来し方を振り返ったときにも、短かったという思いの方が強いのではないだろうか。それでは、長かったと感じるのは、どのような人生であろうか。

まず、長生きをするというのは、最低必要条件だろう。忙しく山や谷を越えてきた人と、平坦な人生を淡々と歩いてきた人では、後者の方が長さを感じるのではないだろうか。また、のんびりした性格の人ではせっかちな性格の人より、時間を長く感じるかもしれない。

はたしてどちらが幸せと思うのだろうか。死に臨んで、あっという間だった人も、長い道のりの人も、どちらもそれぞれ幸せだったと最後は思うような気がする。人生の長短への感慨をそのまま辞世にした例がある。

まず、〝短かった派〟として、貝原益軒の辞世。

越し方は　一夜ばかりの　心地して　八十路あまりの　夢を見しかな

貝原益軒は、江戸時代福岡藩士としてもっぱらお役所仕事に従事。83歳のときの著作「養生訓」が、つとに有名である。健康に人生を過ごすための教えの本で、長寿を楽しむコツも書いてある。翌年、没している。

次に、〝長かった派〟代表は、徳川幕府最後の15代将軍徳川慶喜である。

この世をば　しばしの夢と　聞きたれど　おもへば長き　月日なりけり

明治維新で姿を消したと思われがちだが、明治2年に謹慎がとけた後、静岡に隠居し様々な趣味に没頭した。明治30年には東京に引っ越し、貴族院議員などにも就いた。没年は大正2年、76歳の長寿を全うした。

聡明な読者諸氏はすでにお気づきと思うが、例に挙げたお二方は、私の人生長短仮説、すなわち、山あり谷あり人生は〝短かった派〟で平坦人生は〝長かった派〟を覆す全く逆の辞世を残している。困った方々である。

また地方公務員である福岡藩士を勤め上げ、定年後は執筆活動で健康法の本などを書いていた益軒先生は、充実した人生であったとの実感を持たれていたに違いない。また、慶喜公は、維新の嵐に翻弄され何度も死を覚悟されただろう。自分らしい生活は静岡での趣味三昧のときくらいではなかったか。波乱万丈ではあっても、自らの人生を生ききったという実感には乏しかったのではないだろうか。

私の仮説を、次のように修正したい。

自ら充実した人生を生ききった人は人生短かったと感じ、あまり自分の思うようには生きられなかった人は人生を長く感じる。これは突き詰めれば、どのような人生であれ、自分の境遇を前向きに楽しめるかどうかの違いではないだろうか。勿論、前向きに楽しめなくて人生長いなと感じることが不幸な人生を意味することではない。幸不幸とは、別の話である。

皆さんが辞世を作られるとき、来し方を長い道のりであったと感じるのか、あっという間だったなと感じるのかを、一度確認されればいい。長くもあり短くもありというところがまず最初の感想であろうが、何を長いと感じ何を短いと思うのかを少し分析してみると、あなた自身の人生についての考え方が整理され、あなたの生き様に影響を与えていたキーワードがくっきり浮かび上がってくるであろう。

「オトーリ」はシルクロード文化？

沖縄県宮古島の酒の飲み方に「オトーリ」がある。洗礼を受けた方も多いと思うが、宴会などで、親が口上を述べて泡盛をまず一杯飲み、参加者全員に、同じコップ（盃）で一杯ずつ振る舞う。次の親が口上を述べて……と、ほぼ参加者数分の一気飲み（一巡の場合）が延々と続く。沖縄での泡盛の文化とされている。

しかし、私はほぼ同じ飲み方を、韓国、中国（大連、北京、成都）、ウズベキスタンで経験した。韓国では、ジンロを和気あいあいと、中国では白酒をサバイバルゲームのように最後の勝者を決めるまで、ウズベキスタンではウォッカを昼から農家のおばさんも交えて、という具合である。

いずれの場合も轟沈してしまったが、その翌日から皆が優しく声をかけてくれた。身を捨ててこそ浮かぶ瀬もあれという酒の飲み方は、良い習慣ではないけれども、人品をさらけ出して初めて通じ合う気脈というのも捨てがたい、かな。

4　早速、「辞世」を書いてみよう

(1) 人生に余生はない

60歳前後になると、「余生」という言葉を良く聞く。会社などの定年がほぼ一律に60歳であることから、会社に勤務するという生活が終わった後を余生と表現することが多い。「人生の余り」「余分な人生」という意味であろうか。辞書を引くと「盛りの時期を過ぎた残りの生涯。残された人生。」とある。

はたして、人生に「残り」や「余り」があるのだろうか。生まれてから死ぬまでが一本の人生である。そのどこまでが本体で、どこからが残りなのか、誰も決めることはできない。60歳までが助走期間で、60歳から花を咲かせる人生だって、本人の心がけや運の向き方次第で十分あり得る。生物体としての活力や生殖能力が衰えたら、あるいは会社を辞めたら、それ以降の人生は残り部分という意味であれば、あまりにも浅薄な言葉ではないだろうか。

私は、この「余生」という言葉が嫌いだ。人生に、本体部分と余りの部分があるような考え方に馴染めないし、余りなど存在しないと考える。染色体のシッポのテロメアにも重大な役割があるのと同様である。たまたまこの世に生を受けて、天か神かに生かされているのであるから、あるいは生まれてしまい仕様がなく生きているのであるから、その生を全力で生ききらなければいけないのである。人生の意味を仕事などの矮小なことに求めてしまうから、仕事人生が終わったらその後のことを「余生」などと不遜なことを言うのである。

しかし、一般には余生という言葉を使うにせよ、使わないにせよ、定年後は生活の時間割が変わってくるので、大きな変換点ととらえられているのは事実である。定年後は、ゆっくり夫婦旅行、あるいは思う存分趣味三昧と思うのは、自由になる時間が増え、それをどう使おうかと考えた結果である。

一方で、定年を経験しない人びともいる。主婦、自営業者、農家や漁師、芸術家などが思い浮かぶ。その人たちは、60歳前後で仕事がなくなるという生活の激変を経験しない。60歳になろうとも連続した生活が続くので、人生の区切りを感じずに済む。

我が国で定年を経験する人としない人の割合はどうなっているのだろうか。

厚生労働白書等の統計によると、就業者数に対する雇用者の割合、すなわちサラリーマン率は、1950年代はほぼ50％。家族労働者や自営業者も50％を占めほぼ半々である。それが2010年代になると、サラリーマン率は85％を優に超える。戦後70年間、新しく就業する人は、おしなべて日本という会社の雇用者となって、その会社の発展に邁進してきた感がある。多様性に乏しい特殊な社会構造を作り続けてきたとも言える。

結果として、働いている人の9割近くが、60歳前後で定年という制度を経験することになる。定年後に仕事をしなくて良くなった時間はどのくらいあるのかを、加藤仁氏は、8万時間という膨大な時があると示している。氏の著書によると、一日11時間の自由時間を定年から80歳まで毎日累積すると8万時間になるという。これは、それまで仕事をした時間に匹敵するそうである。一日8時間、年間250日、40年間の勤務時間は確かに8万時間になる。このように具体的な数字で表すと、定年後の自由時間は物理的にも数学的にも残余とは言えない。

残余でなければ、仕切り直しであり、再出発である。暦においても生まれた年の干支に60年ぶりに戻り、新たな8万時間をスタートするのであるから、rebornすなわち生まれ変わったのだと少し大げさにとらえてもいいようなものである。それまでの60年を捨て去り、完全にリセットしても、少なくとも20年は楽しめる。勿論現実には、引き継ぐものがあってもいい。住んでいる家やいくばくかの財産、配偶者や子孫、そして抱えている持病なども含めた体力は、引き継がざるを得ないし、再出発の基盤でもある。

このような考えに立つと、60代から70前半にかけては、まだまだ希望に溢れる若僧であるはずだが、「余生」という言葉を使うからであろうか、およそその年ごろと思われる方々、一言でいえば老人の方々に、不機嫌な人が多いと思うのは私だけであろうか。高齢者の総数が増えているから目立つだけで、昔からの不機嫌率は変わっていないのかもしれない。しかし、図書館や病院でお見かけする老人は概して暗い感じであるし、電車の中や街の角で言い争いをする老人や、歩きながら何かに怒ってブツブツ言い続けている老人に遭遇することも多くなった。さらには、キレて怒鳴る老人も増えたと聞く。

老人の不機嫌のもとは何だろうか。老いにより若いときのように身体が動かなくなったとか、いろいろな病気を患い元気が出ないとか、生活が苦しくなったとか、家族が少なくなり孤独感が増したとか、それら諸々の状況に加えて近づいてきた死への不安などが、老人の心を塞ぎ、機嫌を悪くするのだろうか。いろいろ自分の思うようにならないことが、イライラや不機嫌の原因としても、多くの老人はその年になるまでに、思うようにならないことの積み重ねの日々を過ごしてきたはずである。したたかに、かつしなやかに諸事をさばいてきた方々が、些細なことで不機嫌になったり怒ったり、ましてやキレたりしてはいけないのである。様々な感情に流されて我慢がきかなくなるのも老化現象のひとつとされているが、そう言われることに甘えてはいけない。そう、不機嫌のもとは「老人性甘ったれ症候群」とでも言うべき、家族や社会への甘えなのである。

一所懸命に生きてきた人生を誰も分かってくれないと拗ねて甘えている暇があったら、辞世でも書いてみよう。不機嫌な方は、他にやることもないのだろうから、自分の来し方としっかりと向き合ってみるといい。ちょっと冷静になって来し方をなぞってみると、自分の人生でありながら、いったいどのような人生だったのかさえ分からないでいる自分に気づく。普通の人がまず思うのは、山谷《やまたに》の少ない平板な人生だったという感想ではないだろうか。それをメリハリのないつまらない人生だったと思うか、平凡だけどそこそこ楽しい人生だったと思うかで、あなたの人生は、灰色になったりバラ色になったりする。どちらかというとバラ色の人生の方がいいに決まっているので、「オレの人生、結構楽しかった、かも……。」と、まず無条件に思い込んでしまうことが肝要である。灰色の方を選択すると、ますます不機嫌から抜け出せなくなる。

来し方を顧みて、そのすべてを肯定できるような気分になること。それが、60歳前後で一区切りをつけるという意味である。そのためには、辞世でも書こうかと思うことが最も手っ取り早い手段となり得る。何度でもいうが、辞世でもひとつと思えば、気持ちは前向きになるし、それまでの人生を総括するキーワードも、コレぞというのが浮かんでくるものである。

ところで、「余生」とか甘えたことを言っているのは、人間だけである。比較の対象にはならないかもしれないが、動物には区切りをつけた後の余生などない。死に際でさえ、自ら死期を悟って静かに死んでゆく。野生動物は、死に場所さえ分からない。我が国で最近、山里に降りてきて悪さをしているサル、シカ、イノシシなどでさえ、どこでどのように死期を迎えるのか定かでない。少しは、人間も見習えば、人生の引き際死に際をすっきりさせられるかもしれない。

要は、人生本体とは別に余生があるなどと考えないことである。余生などない。すべて本体として、生ききることが生まれてきたものの責任である。そして、そろそろかなと感じたら静かに死ねばいい。

最近仕事を辞めた友人に、余生などないから今からもっと頑張れと言ったら、「これまでの人生で疲れてクタクタだよ。少しは余生を楽しませてよ」。私は、聞く耳持たないから、「少し休んでもいいけど、これから始める人生の方がもっと楽しいヨ」と、さらにげきを飛ばした。

(2) 還暦過ぎたら毎年辞世を書こう

辞世を書き始めるのは、いつでもいい。いつでもいいといわれても、きっかけがないとなかなか始められないものである。

あなたが還暦前ならば、還暦のお祝いのときがひとつのチャンス。還暦を過ぎた方は、次に巡りくる誕生日、あるいはお正月を機に取り組まれることをオススメしたい。特に正月は、誰でも気分が改まる習慣を持っている。子供や孫が帰ってくる、初詣に行く、旅行に行く、書初めをする、年賀状を読むなどのイベントがある。特にイベントが予定されていない人でも、大晦日から元日に日が変わり新しい年だと思うだけで、何がしかの清々しさを感じるものではないだろうか。

大晦日でも元日でもいいから、まず、一年に一回の節目のときと思って「辞世」を書いてみればいい。お酒の飲める方は、勿論一杯ひっかけてからの方が、デタラメな言葉が次々に浮かんで楽しい時間が過ごせる。おそらく、その時期のお酒はちょっと奮発した純米大吟醸あたりであろうから、特別に味のある言葉が期待できるというものだ。

大いに意気込んで取り組んで頂いて結構だが、ひとつ大事なことは、「まともな辞世」を書こうとしないことである。多くの人は、それほどまともな人生なんか送っていない……と思う。おそらく、その人なりに真面目に一所懸命生きているのだろうけれど、7～8割の方は思い通りにならなくて苦笑いなどしているものである。あるいは、思い通りになっていないことも自分が頑張った結果のひとつとして受け止め、自分を納得させているものである。そんな自分を笑い飛ばせるような、爽快な言葉が必ずある。それらしき言葉が見つかれば、その年の辞世は上出来と思えばいい。

3章でいろいろな辞世を紹介してきたが、ふざけたものも多いことにお気づきと思う。少し洒落を利かせたものの方が、かえって味があるというものである。何につけても、「まとも」、あるいは「真面目」というのは、おもしろくも何ともない。日本人の国民的性格とも言える「真面目」は、「いつでもどこでも陰ひなたなく単純に真面目」と私は理解している。

「真面目」の意味を調べると、「嘘やいい加減なところがなく、真剣であること。(デジタル大辞泉)」となっている。私の理解と辞書の意味を重ねると、「いつでもどこでも嘘やいい加減なところがなく、真剣」となるが、これは不可能としか思えない。一応真面目をベースとして、天気予報ではないが真面目時々不真面目、あるいは不真面目時々真面目あたりで丁度いい。

還暦を迎えるほどの人に、今さら真面目をやめて下さいとも言えないので、「不真面目を楽しむにはどうすればいいのか」を真面目に考えてみて頂ければと思う。ふざけているわけではない。これは、これでも一応真面目な方だと自負している私が到達した、遊ぶときの心得である。心して不真面目老人、さらには不良老人を目指すのである。それほど大それたことでもない。遊びでも仕事でもいいが、こうやったらおもしろそうだと思うことをちょっとした勇気を持ってやってみることである。

たとえば、久しぶりの同窓会に顔を出してみるかと思ったら、その非日常を楽しむために、派手めなジャケットを新調するとか、ジャケットまでいかなくとも、ちょっと小粋な靴や、普段はしないポケットチーフでカッコつけてみるといい。ほんのその程度でも、普段と違う格好をすることに異常な抵抗感を感じたりするが、やってみれば、気づいた人からは、「おっ、〇〇も結構お洒落じゃないか。」程度の感想を頂くだけであることが分かる。

それまでのご自身の真面目の枠からはみ出して、自分で設けたハードルをちょっと越えてみると、スゥーと肩の力が抜けてリラックスした気分や、たとえば新たな仮面をつけて舞踏会に臨むような高揚した気分が楽しめる。いつでもどこでもちょっと不真面目でも、時々すごく不真面目でもどっちでもいいが、「不真面目」はご同輩がこれからの人生をさらに楽しむためのキーワードと心得て頂きたい。

それこそ「不真面目」を新たなキーワードとして辞世を作ると、さらに洒脱なものができるかもしれない。

還暦過ぎたらと言っているが、還暦にどのような意味があるのだろうか。皆、干支が一巡して生まれた年の干支に戻ることは知っている。さらに、日本の定年制度が60歳を一区切りとしていることから、還暦は二重の節目の意味を持っている。

しかし、私自身は60歳前後に別の区切りを感じた。それは、体調、体力の節目である。私たちは、年を経るごとに老いていく。それは、コンスタントに、あるいは徐々にではない。変わらない体力を5年あるいは10年近く維持していて、あるとき急激にかつ不連続に体調変化や体力減退が起こる。その時期に大病を患うこともある。それが、50歳、60歳を超える節目のときに起こることが多い。40代のこのような体調変化を〝厄年（本厄）〟というが、人により大きな体調変化が50歳、60歳で起こることもある。そのような意味からも、60歳前後は壮年から老年へと生物学的な切り替わりの年齢でもあり、60というラウンドナンバーを越えるのは、ひとつの試練なのである。見事に越えて健康を維持している人は、神でも仏でもいいから一応感謝すべきである。

母から聞いた話をふと思い出した。故郷の長崎では、本厄のときには刃物を贈ってもらう、本厄の誕生日には家に帰ってきてはいけない、厄が明けたら世話になった人を呼んで宴会を催すという習慣があったそうである。私が興味を抱いたのは2番目のことであるが、答えはホテルに泊まるではないということだった。結構、おおらかな時代であったと思う。

60歳の還暦も厄年みたいなものだから、赤いちゃんちゃんこでお祝いするだけでなく、厄落としとして何か習慣にした方が良いように思う。しかし若いときと違って、誕生日に家に帰ってきてはいけないと言うと、現在はそのような好都合な場所がないこともあり、已むなくひとりでホテルか寂しく路頭に迷う御仁が増えそうだから、これは習慣にはできそうにない。

ここはやはり、辞世を作るか、戒名ごっこで宴会をやるかというのが穏当ではなかろうか。

（3）辞世の書き方：これまでのおさらい

ここでこれまで話してきた辞世について、その書き方をまとめてみよう。

辞世の書き方として、二つの方法を紹介した。ひとつは、あなたの人生のキーワードを見つけるところから始める「キーワード法」、もうひとつは、あなたの人生が凝縮されている一瞬の場面、すなわちひとつの映像を思い浮かべるところから始める「一瞬映像法」である。二つの方法の手順を図示する。

図を見ると、手順は至って簡単であることがご理解頂けると思う。しかし、どちらにしても「一丁あがり」になるまでには、いくつも悩みどころがひそんでいる。その悩みどころをどのように楽しみながら乗り越えていくのかが、遊び事としての辞世の醍醐味である。キーワードの抽出に悩むのもよし、選んだ場面をモノに置き換えるのに悩むのもよしである。

しかし、悩んだ分だけお酒が減ってしまうのは致し方ないと諦めてもらうし

「キーワード法」

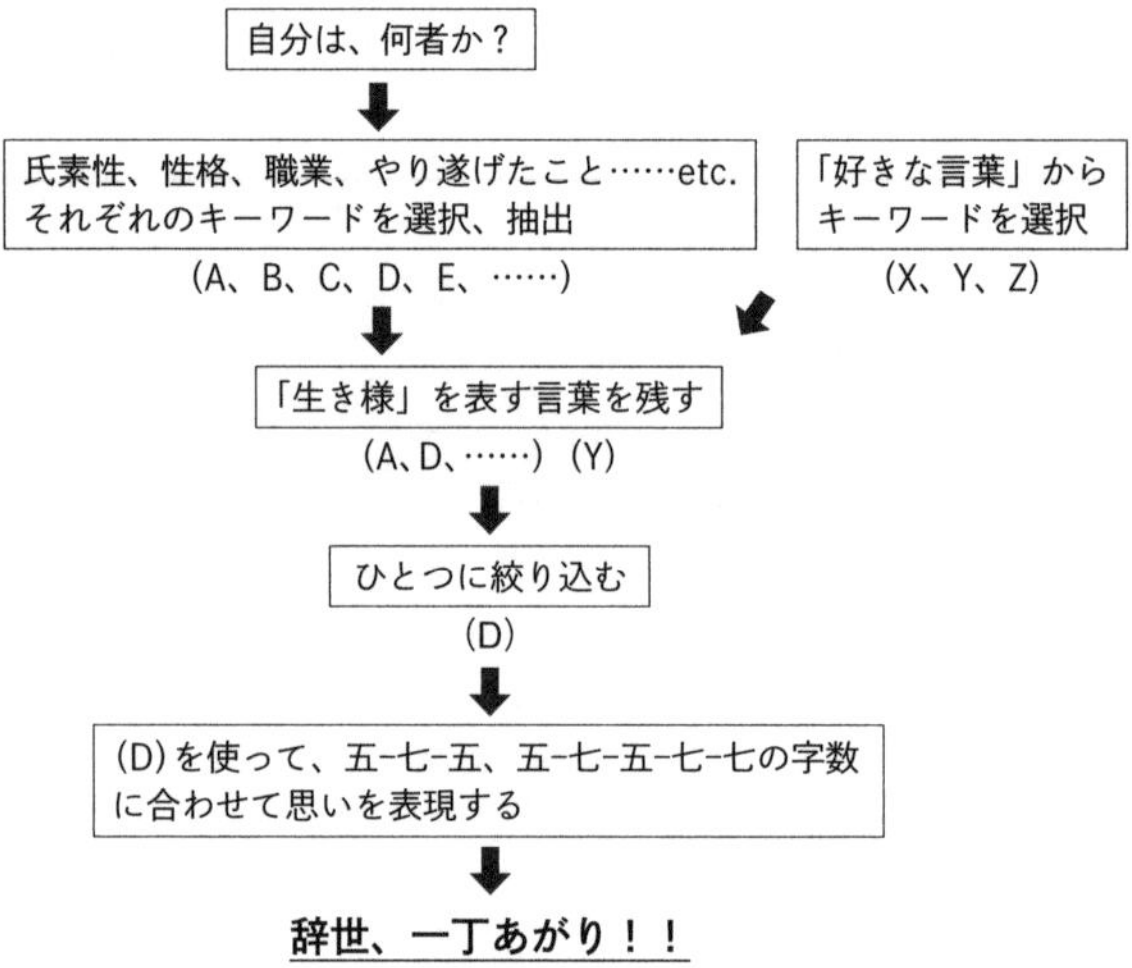
自分は、何者か？
氏素性、性格、職業、やり遂げたこと……etc.
それぞれのキーワードを選択、抽出
(A、B、C、D、E、……)
「好きな言葉」から
キーワードを選択
(X、Y、Z)
「生き様」を表す言葉を残す
(A、D、……) (Y)
ひとつに絞り込む
(D)
(D)を使って、五−七−五、五−七−五−七−七の字数
に合わせて思いを表現する
辞世、一丁あがり！！

「一瞬映像法」

来し方の出来事を古い順から思い出す(30分)
[ゆっくりアルバムをめくるように]

↓

幸せな気分になれるような場面、
鮮明に当時が蘇るような場面の選択・抽出
(A、B、C、D、E、……)

何かにつけて、
いつも思い浮かぶ場面
(X、Y)

↓

場面を象徴するようなモノに置き換えてみる
モノが浮かび上がらない情景は、削除
(A、C、……) (Y)

↓

ひとつに絞り込む
(Y)

↓

(Y)の情景を象徴するモノを使って、五−七−五、
五−七−五−七−七の字数に合わせて思いを表現する

↓

辞世、一丁あがり！！

かない。

図にすると、厳然と区別された方法が二つあるように見てとれる。まずはそのように理解して頂ければいい。しかし、実際にどちらかの方法で着手してみればすぐにお気づきになると思うが、二つの方法が混然一体になることがある。

キーワードをいくつか選んでいるとき、仕事や趣味に欠かせない道具がキーワードに浮かび出たりする。たとえば、それが「ピアノ」だとすると、自分の生き様を表すキーワードとして欠かせないとまず思う。そのピアノで、コンクールで優勝した場面、あるいはピアノが愛を結んだ場面が、大事な一瞬を象徴していることもあるだろう。このように最初から二つの方法のイメージが重なることもあれば、キーワード法で絞り込んだ言葉と一瞬映像法のモノを表す言葉とが重なることもある。

しかし、そのようなことがあっても迷わないで頂きたい。ここでは、皆さんの理解を助けるためにパターン化して図示しているだけであるので、それをどのように使おうが使うまいがあなたの自由である。「オレのやりたいようにやる」と言うのが正解である。皆さんの不真面目度が分からないので、つい余計なことまで書いてしまった。

（4）辞世の書き方：見本帖

さて、機も熟してきた。

皆さんも、キーワードの一つや二つは浮かんでいる頃合いとお見受けする。さらには、思い出してしまったがために、夢にまで現れる一場面を何とか辞世にとお思いの方もいるかもしれない。ここでは、皆さんが思いつかれたであろうキーワードや一瞬の場面を勝手に想定して、五・七・五・七・七の辞世を乱発してみたい。

これは、いわば見本帖のようなものであって、皆さんのインスピレーションをピピッと刺激するような言葉を提示できればと願っている。

①人生の一言（キーワード）

◇2章で例示した「不器用な商売人」のキーワードは、「人様に迷惑をかけない」であった。何かにつけこのように思いながら生活している人も多いと思うが、それも減少して、多かったと過去形になるのだろうか。おそらく、ご同輩の多くは親から「人様に迷惑かけるんじゃないよ」と教えられているはず。この心がけは長く残したいものである。

ひと様に　迷惑かけずに　日を重ね　清々しさは　今日の秋晴れ

◇毎日を、今日も頑張るぞと気合を入れて過ごしている。年をとると、この気合がその日一日を元気に過ごすために大事になってくる。「気合だ!……」と10回も連呼する必要はないが、日々を新たに迎えたいという気持ちは、一日分の生きがいにもなる。そこで、「日々を新たに」をキーワードにする。そのまま使わなくとも、意味を表せばいい。

一日を　日ごと新たに　生まれ出て　いつしか八十路　春めぐり

新しい　今日を重ねて　また明日　いつ死なむとも　また生きるとも

◇世の中には、前向きな人そうでない人、ポジティブな人そうでない人がいる。これは、物事に取り組む姿勢でいろいろ分類されているが、前向きでポジティブな方が良い姿勢ということになっている。私は、物事を自分に都合のいいように受け止めることには賛成だが、いつも前向き、あくまでポジティブという姿勢は、疲れると思う。しかし、自分は「前向きに」生きてきたと、来し方を振り返るご同輩も少なくない。

前向きに　何が何でも　前向きに　生きて遊んで　ああ楽し

◇肩肘張らずに無理をせず、何事も自然にという生き方もある。「ありのまま」というキーワードになろう。他人との関係も含めて身の回りの起こることをありのままに受け入れる人生であれば、我欲も鳴りをひそめ、心も静謐を保ち、満足のまま生を終えることができそうである。いまだ煩悩も多く欲深い私の場合は、この言葉をキーワードにすることはできない。

ありのまま　不器用なまま　素のままで　過ごせしわが身に　風やさし

◇「何とかなる」。これは勿論、私の好みの言葉である。何とかするのではなく、なるようになるさと無責任に突き放した感じや、結果に自分の行為が反映していないようなお気楽さが漂う言葉である。ありのままを受け入れる姿勢とは、似ているようで異なる。困難な場面に直面したとき、「何とかなる」は自分を励ますおまじないのような効果ももたらす。そして、大体結果は何とかなっているものである。

世のことは　誰が何とも　しようとも　わが事ならば　何とかなるさ

これまでは　何とか凌いで　きたけれど　冥土ばかりは　何とも駄目よ

◇公務員でなくとも、「世のため人のため」に役に立つ仕事をしたいと思う人は多い。いや、自分のために安定した収入と生活を求める人が目指す職業が、公務員だったか？　公務員もいろいろな種類があるから、いろいろな志の人がいろいろな仕事をしているのだろう。職業の話はさておき、「世のため人のため」に生きたい、自分の人生が何かのまた誰かの役に立つという実感を得たいというのは、生きる目的にも通じる立派な生き様である。

世のために　人のためにと　過ごせしが　幸受けたるは　わが身なりけり

◇世の中、斜に構えている人もいる。何があっても、「まぁ、こんなもんじゃない。」と受け取る、あるいは受け流す。「こんなもの」の一言で、すべてが包含されてしまう人生は、ある種の諦観の表れであろうが、何物にも動じない図太さも感じられる。

上出来と　思えば人生　こんなもの　楽しくもあり　楽しくもなし

②人生を象徴するモノ（一瞬映像）

◇「酒」と人生は、微妙な間柄である。酒が人生を象徴する場面になるのは、嬉しい酒のときであろうか、あるいは辛い酒のときであろうか。歌謡曲の世界では、圧倒的に辛い酒が多い。それでも、自分の人生に「酒」は切り離せないという人も多いと思う。キーワード法と一瞬映像法の言葉が重なる典型例が「酒」である。いつも自分の人生のそばにあり、辛いときも楽しいときもひとつの色どりを与えてくれたといったような意味合いの辞世である。

つかの間の　浮世の波に　ただようて　酒にあそばれ　酒にたわむれ

◇ある場面の「音」に関する一瞬の映像があると思う。耳に残る母の声、誰かの歌や楽器の音色など。自分で演奏する楽器の場合など、特別な思いで奏でた楽曲は忘れがたいものになるだろう。そのような楽器の代表として「ピアノ」を例にとり、ひとつの辞世にしてみた。

鍵盤の　上に踊りし　佳き日々よ　彼の地のステージ　何をか奏でむ

◇故郷の風景は、その人の人生の記憶の中で不動の位置を占める。童謡の「ふるさと」に歌われているような牧歌的な風景は今の日本では探すのが難しいかもしれないが、東京、大阪などの大都会で生まれた人以外は、その精神に自分だけの山野や海辺を持っているものである。具体的に「山」を取り上げたい。故郷の山と言えば、岩木山、赤城山、立山連峰、伯耆富士・大山、阿蘇山、桜島などなど、思い出の山候補はそれこそ山ほどある。
辞世の例示は、岩屋山である。長崎の周囲を囲む山のひとつで、北西部に位置する。若いときに、日の出を見に暗いうちから悪友たちとよく登ったものである。

岩屋嶺を　出でて世界を　旅すれど　長き休憩　岩屋嶺のもと

◇小さいころ手にした玩具で、鮮やかな驚きを与えてくれたものに「万華鏡」がある。万華鏡の中でキラキラと変わっていく世界に素直に喜びを感じたときから、人の人生はゆっくりと動き始める。それは、時に残酷な運命を強いることもあるが、回り始めた人生からは逃れることはできない。というような、ドラマティックな想像を掻き立てるモノである。

くるくると　千変万化の　現し世を　われも回りし　大万華鏡

◇食べ物も、人生の場面と密接に繋がっている。忘れられない母の手料理、お気に入りのお店のひと品、楽しい思い出と重なるご馳走、特別な場面の特別な食べ物など、いろいろあろう。人生最後の一皿を何にするかという問いは古くからあり、一番多いのは食べ慣れた普通の食べ物だそうである。年に一度の正月の料理の中でも、お雑煮が好きな人も多い。

八十回　食べた雑煮は　美味しくて　あと二十回は　食べたいものよ

(5) 辞世の書き方：段取り

人生何事も「段取り」が大事である。

大小の行事、仕事、家事、旅行、飲み会、デートなどなど、あらゆる場面で段取りの良し悪しが、事の成否を決める。段取りは、人生で出くわす様々な出来事を上手に楽しく処していくための技術と言える。しかし、この技術は学校でも会社でも教えてくれない。数限りなく、段取り力を必要とする「場」が与えられるだけである。

そして、その場を楽しむ人と嫌う人に分かれ、自ずと楽しむ人に与えられる機会が増え、嫌う人の機会が減る。場を与える側、お願いする側の人が、楽しむ人の方を選ぶからである。よく言う、仕事のできる人のところに仕事が集まる、ということである。

段取りを楽しむ人は、失敗してもあまりめげないから、次の機会には、さらに工夫された対応をとり、場数を踏むごとに段取り力が向上する。この技術は、経験値によっても大いに加点されるのである。

しかし、段取りの基本は想像力と判断力である。想像力とは、段取りを託されたことがいつどのような形で終わればいいかを、まず明確にイメージすることである。未来のその時点から、現在まで時を引き戻し、時々に誰が何をすればいいかを具体的に予定化すれば、段取りの骨子ができる。到達点に至る手段と道筋はひとつではないから、より確実なものを選択して実行する判断力も、段取りをする人に強く求められる。

たかが飲み会の段取りだとしても、その人の想像力、判断力、さらには企画力、交渉力など、事を処すときに必要な総合力が如実に表れるものである。大きい組織で人事を担当していた私の友人は、「採用するのは、成績のいい奴より、飲み会の幹事を頼める奴」と言っていた。

辞世を書くための段取りのつもりだったが、話がそれた。それたついでに、もうひとつだけ。段取り力向上を目指す場合、完璧を目指さないこと。8割がたの段取りができたら、動き出せばいい。動き出せば、想定とは違うことが必ず発生する。人生と同じで、いつ何が起こるか分からないのである。それを応変に対応することも段取り力の内であるし、オッとこう来たかと楽しみながら乗り越えれば、想定外の成果を得ることもある。

さて、段取りについて大げさに書いてしまったので、辞世を書く程度のことにこんな総合力が要求されるのかと懸念を抱かれたかもしれない。辞世の場合、「段取り」というよりも「手順」くらいの感じと思って頂きたい。

物事をスムーズに進める手順としていい例がある。スポーツにおける、動き出す前の動作である。ラグビー日本代表にも選ばれた五郎丸選手が、プレースキックを蹴るときのルーティンという一連の動作（これが可愛くて人気を博した）や、プロでもアマでもゴルファーがティーショットを打つ前に決めた動作を繰り返すことなど、スポーツ選手は自分で決めた順序で身体を動かすことが多い。これを手順として実行することで、雑念を追い払い自然に所作に移ることができる。

同様なことは生活の中でも多くあり、皆さんも意外と気づかずにルーティンを踏んでいるものである。最も一般的なのは、朝起きてから家を出るまでに何をどのような順序でこなしていくかということではないだろうか。顔を洗って歯を磨いて、着替えて朝食をとり、トイレも済ませてというような手順になろうか。喫煙者の場合は、この中の決まったどこかで一服が入るのだろう。

辞世を書くときも、ルーティンがあった方が楽しいと思う。趣味としてオススメしてはいるが、他の趣味とは格が違うのである。何せ、自分の人生を総括する作業であるから、ほんの少し厳粛な気持ちで臨むくらいが丁度いい。過去には、白装束でまさに自死する前に、人生の万感を込めて書かれたものと同等の歌を作るのである。凡人には、とても素面でそんな大それたことはできないので、当然、厳粛な気持ちのまま、好きな酒も用意する必要がある。

以下に、辞世ルーティンをお示しする。

〈辞世を書くときのルーティン（例）〉

1　落ち着くところに座る。できればそこに、小一時間はゆっくりといられるところ。

たとえば、自宅のお気に入りの場所（申し分なし）。公園の東屋のような場所、図書館のいつもの席（この2か所はお酒の飲めない人向け）。行きつけの喫茶店（できれば忙しそうな人で込み合っているようなチェーン店は避ける)。あるいは行きつけのバー(無口なバーテンダーがいるところならベスト)。

2　顔と眼差しを、水平から角度にして20度から30度、上に向ける。それ以上は、首がボキッといって、きつい。青い空に、流れる雲を見上げるような角度がベスト。顔を少しでも上向きにするのと俯き加減にするのでは、心の開かれ方が違う。これからの辞世を書くという作業には、自分の内側から発せられる言葉をすべてありのままに受け止めなければいけない。そのためには、上を向いて心を開いておくべきである。

3　ふぅ〜と、口から息をはく(ため息のようで、ため息ではない)。鼻から息を吸って口からはくというのは、呼吸法の基本であるそうな。血圧も5つは下がる。趣味の辞世とヨガを合体させるつもりは全くないが、一回でも口からゆっくり息をはくとスゥーと力が抜けて落ち着くものである。

4　ここで、わざとらしく「ジセイ」とつぶやいてみる。
この意味もないような手順を踏むことがルーティンである。しかし、発せられた言葉が力を持つのも事実である。この言葉を発することによって、あなたの全細胞に辞世を書く準備ができる。細胞を活性化させるために、お酒を嗜まれる方は、ここらで始められるといい。

5　これまでで一番楽しかったこと、嬉しかったこと、あるいは自分が一番元気で生き生きしていたころの高揚感を思い浮かべる。
自分が何者であるかという問いからキーワードを絞り込むにしても、セピア色の記憶の中から、まだそこだけ鮮やかな色が残っているような一瞬の映像を選び出すにしても、楽しい記憶の扉をまず開けるのである。ここで、顔を上に向けるというルーティンが生きてくる。

6　そのときの思いを言葉にしてみる。ここは、パソコンではなく、必ず紙に書いてみるのがいい。それも、Ａ４以上の白紙の真ん中に。

さて、これであなたの心も身体も自然と辞世を書く態勢が整う。ルーティンがスムーズに完了したら、誰の批判も受けつけない最高の辞世を書くだけである。

このルーティンをスムーズに終えて、図に示した書き方と見本帖を見ながら、あなただけの辞世を書いて頂きたい。もっとも、独自のユニークなルーティン、書き方でも一向にかまわないことは言うまでもない。

これまで、いろいろな方面から、辞世でもひとつ書きましょうとオススメしてきたが、ここまでくれば、あなたは自在に辞世を作ることができる。生まれた辞世は、あなたの生きた証しである。

冥土みやげの酒話

人類は酒を造るために農耕を始めた！

私たちの祖先の類人猿が、地上に落ちて自然に発酵した果実を好んで食べるようになり、樹上生活から地上に降りて人類の酒飲みの文明が始まった。「酔っぱらったサル」仮説という。これは、私の勝手な論ではなく、今や人類学者の定説になりつつある見解である。

また、石器時代に狩猟と採集の生活をしていたご先祖様が、定住し農耕を始めた理由は、酒を造るためであったという説も、最近有力視されている。宗教儀式にお供えする酒を、霊力を分かち合うために皆で飲むようになると、小麦や大麦などの酒の原料が採集だけでは賄えなくなる。そこで、それらを栽培するために定住するようになったとのことだ。

はるかなご先祖様から酒好きの遺伝子を強く引き継いだ身としては、これぞ真実を明らかにする学説であると賛同したくなる。「人はパンのみにて生きるにあらず。」の後に、「酒のために進化するのであ〜る。」と言いながら、今宵も、美味し酒をもう一杯。

5

せっかくの辞世は、しっかり残そう

(1) 人生最後の選択

私ごとであるが、はからずも究極の選択をしたことがあった。大学院の修士1年のとき、部屋に教授がどかどかと入ってきて、そのとき部屋にいた2年生ひとり、1年生二人に、「君たちの誰か、来月から○○大学の助手に行ってくれ。返事は、今日中にな。」と言い放った（そんな時代であった）。私たちは3人とも、青雲の志のひとかけらも持ち合わせておらず、降って湧いた話に乗っても乗らなくてもどちらでもいいという程度の気持ちだった。譲り合っていたが決まらないので、私がジャンケンで決めようというと、二人ともいいよというので、本当に人生をかけたジャンケンが始まった。3回勝ち抜けのルールで、2年生の先輩が勝って、○○大学に就任していった。

その先輩とは、その後も何かとお付き合いをしている。先ごろ定年退職を迎えられたが、いつ飲んでもジャンケンの話で盛り上がった。10年、20年と年を経るごとに、人生を分けたジャンケンの意味が大きくなっていった。あのとき、ジャンケンに勝っていれば、今と全く違う人生の道筋を歩くことになっていた。ちょっとしたきっかけで人生のアナザーストーリーがあり得ること、ジャンケン程度のことで人生は右にも左にも傾くものだということを、若いうちに悟ってしまったのである。

三者択一の選択を自分の意思で選びも選ばれもせず、ただジャンケンという運に身をゆだねた。結果として人生の選択一回を遊び事にしてしまったが、選択はどちらに転んでも同じことであったと思う。同じことという意味は、選択した道しか自分の人生になり得ないから、どちらであっても選択した瞬間に他の選択肢はなかったことになるということではないだろうか。

したがって、人生の岐路の選択肢は、どちらを選んでも正解なのである。あなたは、常に選んだり選ばれたりしながら歩いてきた。あなたには、そうやって辿ってきた一本道しか残っていない。あなたにとって、数々の選択の結果に残った一本道は正解以外の何物でもない。

あのとき、AではなくBを選んでいれば、今より幸せだったかもしれないと思うのは、幼児があめ玉とキャラメルを選び損ねてダダを捏ねるのと同じであり、そんな大人はみっともないものだ。選択に後悔はつきものであるが、買い替えができるものならまだしも、人生の選択は取り換えができない。取り換えができないものを選んでいくのが人生だから、自分の選択はすべて正しいと思い込むのが一番いい。選択の結果に後悔しても何にもならないから、気持ちを切り替えるしかない。

ジャンケン以来、私の選択のルールはシンプルになった。自分で能動的に決める選択ではどちらが楽しいかという物差しのみ。人事、仕事、雑事など頼まれ事には、すべてイエスしか言わない。勿論怪しい勧誘は論外であるし、お金のことはイエスと言えるモノがないので、この二つは例外的にノーである。人生には、ノーという選択肢もあるので、イエスとノーを使い分けても良かったが、頼む人の側で何らかの選択を経て私の選択の順番になっているのだから、すべてイエスと言おうと決めていた。

当然、イエスと言い続けていると、やることが増えて身動きがとれなくなる。結構なピンチに陥ることもあるが、必ず何とかなるものである。

これまで、様々な選択を重ねながら生き抜いてきた私たちも、最近は重要な選択を必要とする場面に出くわすことが少なくなってきた。60歳を過ぎた後に想定される人生の選択としては、たとえば親の介護のために故郷に居を戻すか、長年我慢してきたがやはり離婚しようか、または友人から頼まれた仕事を手伝おうか、などということくらいではないだろうか。

年をとるということは、人生の岐路が少なくなることかもしれない。最後に何も選ぶものがなくなり死を迎え入れることが、天寿ということなのだろうか。

人生、最後の選択は何か？

どのような介護施設に入るか、病院で死ぬか、家で死ぬか、遺産の残し方、葬式のやり方など、決めておくことはあるだろうが、これらは終末処理の一環であって、人生の岐路というほどのものではない。

ふと考えてみると、60半ばの私でさえ、この先大きな選択はあまりないような気がする。ということは、例示した転居、離婚（結婚でもいいが）、新しい仕事などが、現実的に最後の選択になるということか。

これらの最後の選択も、転居しようか迷っている間に親が死んでしまったり、離婚も面倒くさいからこのまま我慢することにしたり、友人の仕事もおもしろくなさそうなので断ったりすると、現状の生活は何も変わらないことになる。

「人生最後の選択」は格別のものではないかと考えてみたが、大したものではなさそうである。いや、人生における選択のすべてが大したことではないのである。今日の夕食は何を食べようかと迷うのと、どの会社に就職しようかと悩むのは、同じ程度の真剣さでいい。

「そんな乱暴な！」とお思いの方もいるだろうが、人生の重大な岐路での選択において、どれだけ真剣に吟味検討しても、それが結果の良否には反映しない。何故ならば、選ばなかった選択肢を選んだ場合との比較ができないからである。選択における吟味検討は、自分で選んだ道が間違いではなかったと、自分自身を納得させるための理由づけにしかならない。
だからといって、すべての選択をジャンケンやサイコロに託すのは正しい生き方ではない。少しは、自分で考えてこっちがいいと判断すべきである。人生における選択は、その人の個性そのもの、生き様そのものであるから、大事にじっくり楽しまなければもったいない。

本書でオススメしている辞世も、皆さんはすでにこれぞ秀逸というものをお持ちであろう。ここで、皆さんの生き様であり生きた証しである辞世を、どのように残すかという意思決定のみが残っている。これは、紛れもなく人生最後の選択になり得ると思うが、いかがであろうか。

(2) 葬式でお披露目

最近、会葬者が百人を超えるような大規模な葬式にあまり出ない。私がサボっているのではなく、家族葬や密葬が増えているからである。私の友人、知人など60、70歳代の方の場合は、普通に会葬者を受け入れて通夜、告別式が執り行われることが多い。もっとも最近は皆さんしぶとく人生を謳歌しているようで、葬儀とは無縁で結構なことである。

葬式の式次第は、特に喪主側から注文をつけなければ、大体以下のようになっている。

(1)会葬者着席を待って、開式。
(2)導師様入場と言って、坊さんが入ってくる。
(3)読経の間に、焼香（焼香の前後に、どうしてあちこちに頭を下げるか疑問。喪主に一礼すれば十分と思う）。
(4)坊さん退場。
(5)友人等からの弔辞（友人の葬儀で2度読んだことがあるが、これは辛い。できれば避けた方がいい）。

(6)弔電披露（このとき、何故代議士のものが先に読まれるのかも疑問）。
(7)喪主挨拶。
(8)お棺を前に移動する間、会葬者は一時、会場を出る。
(9)会葬者最後のお別れ（生花でご遺体を飾る）。
(10)出棺のお見送り。
(11)帰りに、蕎麦屋で一杯やる（何故か蕎麦屋のことが多い。焼き肉屋に行く気分ではない）。

キリスト教や神道、あるいは無宗教の場合は、異なる流れとなる。いろいろな葬式に参列したが、私は神道の葬式が好みである。葬式に好みも何もあったものではないが、神道の葬式は、亡くなった人を追悼する場というよりも、死によって神様に戻るお祝いの場というカラッとしたところが好きである。仏教でいう法事にあたる節目の儀式も、最初の葬式を神葬祭と呼び、以後は一年祭、五年祭、十年祭などと「祭り」であるのもおもしろい。

神道は仏教のように決まった手順はなく、地域性や祭りを執り行う神主さんの流儀が幅を利かすという。弔電や弔辞は紹介されることが多いが、クライマックスは神に戻った故人が人間だった間の所業を、神主さんが紹介するくだりである。

神職独特の抑揚で読み上げる祝詞であるが、平易な現代語で故人の生い立ちや業績を語る。たとえば、私の父の葬式のとき、たまたま商売順調で余裕のある生活を送っていた時代のことを「安中三郎ウシノミコトは、昼はゴルフ、夜は麻雀に興じ～……」と紹介された。私は故あって父と疎遠にしていたので、葬式には客のような立場で参列していたが、思わず吹き出してしまった。俗名の後についている「ウシノミコト」は、男性の尊称（大人《ウシ》）と神様（命《ミコト》）であり、神道では戒名などつけずに男性はほとんどウシノミコトになる。ちなみに、女性はほとんどトジノミコト（刀自命）である。

神主にこのような原稿を渡す方も相当遊び心に溢れているが、平均寿命を過ぎた方のお葬式であればこの程度の軽口や洒落は許されると思う。故人の性向を飾りなく親しみを込めて紹介するときの表現として、葬式の参列者にも十分受け入れられるに違いない。

本節冒頭にも触れたが昨今は家族葬や密葬が増えており、火葬場での火葬のみの葬式や、灰になってからも海に散骨、墓を造らない樹木葬など、葬儀の形態も変化に富んできている。その理由は、いろいろあるだろうが、核家族化などの家庭事情や、墓地が遠いとか維持する人がいないなどの社会事情が反映していると思われる。

皆さんは、自分の葬式をどのようにしたいとお考えだろうか？

2章で紹介した松永翁のように「墓碑一切、法要一切が不要。」という選択肢から、普通に葬式をしてほしいという選択肢までいろいろあるから、遺言やエンディングノートなどに意思表示をしておく方がいい。自分の葬式だから、自分の思うようにプロデュースすればいい。自分が主役で人が集まるのは、結婚式と葬式くらいのものである。葬式は、自分では式の様子が確認できないが、事前にこうしたいという希望を伝えておくことはできる。

当然、辞世の披露も葬式のメニューに入れておこう。

「喪主挨拶」の前に紹介するか、「喪主挨拶」に含めて紹介するのが自然な流れと思う。たとえば、このような紹介になるのではないか。

「ここで故人が残した辞世の歌（句）を皆様にご披露申し上げます。故人は、生前自分の人生は○○という言葉に集約されるようだと申しておりまして、その思いを次のように歌（句）にしておりました。辞世に曰く、『――――』。この辞世で、故人の生き様を少しでも思い浮かべて頂ければ幸いでございます。」

このようであったかどうかは知らないが、2013年2月に他界した歌舞伎役者市川團十郎の本葬で、パソコンに残してあった辞世の句が披露され、約2500人の会葬者に配られたという新聞記事があった。

色は空　空は色との　時なき世へ

この團十郎の辞世は、「般若心経」の一節「色不異空　空不異色　色即是空空即是色」の引用であることは明白であるが、團十郎にとって「色《しき》、即ち形あるもの」と「空《くう》、即ち実体のないもの」とは、何であったのだろうか。

このように葬儀の場で辞世を披露されると、誰しも故人の死に臨む思いや生き様に深く思いを巡らすものである。さらに紙に印刷したものが配布されると、文字で読むことによりさらに辞世を味わうことができる。

辞世を印刷して配布してもいいが、喪主の「会葬御礼」に書き加えると手間が省ける。「会葬御礼」の礼状は、いわゆる香典返しの袋の中に清めの塩と一緒に入っていることが多い。この礼状は、見られずに捨てられることも多いので（私はいつもそうしている）、やはり葬式の喪主挨拶のときに披露された後、辞世は礼状にも印刷している旨紹介するといいだろう。

私が故人の立場であれば、自分の葬式に足を運んでくれた方々に、辞世という形で自分の人生をどのように総括しているかを報告するという気持ちである。葬儀の帰りに何人かで、蕎麦屋で精進落としをしながら、「いい加減な奴だったが、辞世はなかなかいいな。」「あいつがこんな思いで人生を生きてきたとは、意外だな。」などと、私の生き様を酒の肴にさらに1、2杯飲んで頂ければ、こんなに嬉しいことはない。

(3) 辞世の残し方:お墓やお寺

私の故郷の長崎は、坂・墓・バカが多いと言われている。確かに長崎は溺れ谷地形で平地がないので、とにかく坂は多い。だから自転車が普及せず、「自転車に乗れない人」率は全国一位かもしれない。

墓も多いような気がする。まず長崎駅正面の斜面は、本蓮寺というお寺の墓地が占めている。安中家の墓所もここにあり、おそらく長崎駅に最も近い墓であろう。他にも、寺町一帯やちょっとした小高い丘の上はほとんど墓地である。キリシタン対策として、住民を強制的に檀家にした結果、寺や墓が多いとも言われている。

バカは、長崎に限らずどこにでもいる。お人好しが多いからこのように言われると長崎の友人は弁解するが、これはバカを認めていることに他ならない。私もそうかもしれないと半ば同意する気分である。やはり、長崎にはバカが多いのかもしれない。

お墓に話を戻してみよう。

我が国のお墓の一般的形状は、2段の台の上に高さ60～80センチメートルのサオと呼ばれる正四角柱が乗っているものであり、和型と分類されている。この画一的な形状の墓石は、ほぼ全国に分布しており、正面には「○○家」とか「先祖代々の墓」と刻んであるものが多い。

このおもしろ味もない画一的形状は、実は我が国の地震学の発展に大いに貢献している。ある地域で大きな地震が発生した後に、地震の強さや揺れの特徴を把握するのに、その地域の墓地で「墓石転倒率」を調べることは少し前の地震調査では定石であった。相似形の墓石（サオ）のどの大きさのものがどの方向に倒れたかで、揺れの大きさと方向を求める。

しかし、最近の霊園等では、地震学に役立つような伝統的な形状ではない墓石が目立つ。横長の平たい石をサオに使う洋型が増え、さらには個性的な形状のデザイン墓といわれるものもある。また、石の代わりにガラスを使うものまであると聞く。

地震学の方は、高性能な地震計や震度計が数多く設置されるようになったので、お墓に頼ることはほとんどなくなっている。だから、お墓がもっと自由な形になっても、少なくとも地震学関係者は困らない。

お墓の形が自由になるにつれて、刻む文字も多様化してきている。特に洋型やデザイン墓では、「○○家」以外の言葉が刻んである。たとえば、「やすらぎ」「愛」「夢」「和」「絆」「憩」「心」などの死者の魂が安らかであるようにとの思いを言葉にしたもの、また、聖書の言葉、座右の銘、格言なども見受けられる。

聖書の言葉や格言など他人の言葉を墓石に残すより、自分の言葉を刻んだらどうだろうか。辞世をお墓に刻むのである。それで墓石の値段が上がったりはしないし、最近はコンピュータ制御の機械で彫るので、文字の位置、大きさ、形（フォント）など自由自在である。

サオの正面に彫るのは気が引ける方や、自分が入る予定の墓にはすでに墓石が立っている方の場合は、墓誌に辞世を刻めばいい。墓誌というのは、埋葬者の戒名、俗名、没年月日、享年、略歴などを記録することを目的とした石板で、墓石の横に置かれていることが多い。その墓への埋葬者が増えるたびに書き足していく。このような情報は、以前はサオの裏面に彫られていたが、墓誌を別途設置するタイプに変わってきており、追加の記述も機械彫りなので、辞世を書き込む程度のことは簡単にできる。

墓の多い土地柄で育ったせいか、私は墓地に親しみのような感情を持っている。旅の途中にでも墓地を見つけたら、足を踏み入れることもある。特に外国の墓はおもしろい。シンプルなものから大げさなものまでいろいろな形状、大きさがあり、実に表情が豊かである。埋葬された人の墓所への思い、埋葬した人の故人への思いが、如実に表れている。

このような墓の例を二つ紹介する。最初は、ひとつの墓所に三角形断面の二つの墓石を並べた墓。色（明るさ）が異なる二つの墓石は、ご夫婦のものだと思われる。黒い方には同じ石で帽子の形に彫ったものが張り付けられ、白い方には真っ白い石をショールの形に彫ったものが固定されている。奥の石板には二人の名前が刻まれている。場所はウズベキスタンのサマルカンドの高台にある集合墓地である。土地柄、イスラム教徒であろうが、普段、黒い帽子を手放さなかったおとうさんと白いショールで髪を覆っていたおかあさんの姿を彷彿とさせる。粋な墓である。

もうひとつは、哀しい墓である。若い息子を戦争で亡くした親が建てたもので、出征する前の姿をレリーフにしている。2009年まで20年以上続いたスリランカの内戦の犠牲者である。墓所の場所および刻まれた文字から、政府軍シンハラ人の青年と分かる。

このような情感豊かな墓は、我が国には少ない。生と死を繋げる場所である墓について、特段の思い入れが少ないのであろう。墓は先祖代々のものであって、新たに埋葬される新参者が余計なことをしては、ご先祖様に申し訳ないという気持ちなのではないだろうか。しかし、新参者としてのあなたの生き様は、あなただけのものである。先祖代々の墓であるとしても、墓石や墓誌などにあなたの生き様を表現してもご先祖様から文句を言われる筋合いでもないし、ご先祖様は口がきけないのである。

ご先祖様には口をはさまないようお願いできても、同じ墓に入る予定のきょうだいや配偶者からクレームがつくかもしれない。こちらは、皆さん口がきけるから調整困難に陥ることも大いにあり得る。笑い飛ばして説得できなければ、お墓に辞世を残すことは諦めるしかない。

その他に辞世を残すことができると私が考えているのは、お寺と役所である。お寺には、必ず「過去帳」がある。過去帳とは、そのお寺の檀家、信徒で死亡した人の俗名、法名、死亡年月日、年齢などを記録している帳簿である。それぞれのお寺で、書き方や記入項目は決まっているので、過去帳に辞世も書いてくれといっても、おそらく受けつけてもらえない。しかし、故人のたっての願いということで、辞世の紙を渡し過去帳と同様に辞世も保管しておいてほしいという依頼はできるかもしれない。

人が死んだら必ず役所に「死亡届」を出さなければならない。多くは、葬儀屋がサービスで親族の代理として提出してくれる。この届を受けて、役所は戸籍の抹消や火埋葬許可証の発行などを行う。その後、死亡届本体は、管轄の地方法務局で保管される。

この死亡届の用紙には、下から三分の一あたりにわりと広い「その他」欄がある。疑問に思い最寄りの役所で、その他欄には何を書くのか、ここに故人の遺志として辞世を書いては駄目なのかと聞いてみたが、明確な答えはもらえなかった。特別に書くことがなければ空欄にしておくということが決まっているだけのようである。私は、自分の死亡届には、この欄に必ず自分の辞世を書いて提出させようと、今からひそかに目論んでいる。

ウズベキスタンの夫婦のものと
思われる墓石

スリランカ内戦の犠牲者の墓石

(4) 辞世の残し方：新聞やネット

短歌や俳句を趣味にしている人は多い。作品の発表の場は、同好の士が集まる句会や同人誌などが用意されていて、これぞという作品を大いなる期待とともに投稿したりするものである。

また、ほとんどの新聞紙上には「歌壇、俳壇」のコーナーが毎週半面から一面を割いて設けられている。この頻度とスペースからも、「歌壇、俳壇」をいかに多くの同好者が毎週楽しみにしているかが分かる。一般紙の全国版に自作の短歌や俳句が選ばれて掲載されるということは、同人誌の読者数とは比較にならないほどの大多数の目に触れることを意味し、採用された人の喜びと達成感はひと方ならないものだろう。さらに選評に誉めてあったりすると、作者冥利に尽きるのではないだろうか。

私も時々こうした欄を読んでいる。歌や句に表現されている題材の幅の広さに驚かされる。身の回りの小さな発見、季節や自然の移り変わり、家族の風景、政治問題、社会問題に関する所感、自身の心身の状況について、時に情感豊かに、時に批判的に、時に飄逸な味を出して、作歌、作句したものが並んでいる。我が国は、奈良、平安の時代から和歌を現在のメールのように意思伝達の手段としてきた。その時代からの文化の蓄積が、様々な表現手法として毎週の新聞紙上に溢れ出ているような気がする。

この「歌壇、俳壇」の常連の方々が、辞世を書いたらどのようなものになるのだろうか。新聞各紙には、そのような場を是非作って頂きたいものである。「歌壇、俳壇」のひとつのテーマとして、まず年に数回「辞世コーナー」を企画して募集してみたらおもしろいだろうなと想像している。また、常連の方々も辞世を作ってみて、投稿されたらいいと思う。

現在は、インターネット上に個人で情報発信をしている人が大勢いる。ホームページ、ブログ、SNSなどである。文字情報だけでなく画像や動画も蓄積し公開できる。50歳以下ではほぼ100％の人がインターネットを利用しているが、60歳以上へも急速に普及している。パソコンを使わなくても、スマホやタブレットでの手軽さが普及の一助といわれるが、還暦や古稀をきっかけに子供の世代から連絡用に持たされることも少なくないらしい。

それこそインターネット上に辞世を残せばいいと思い、状況を調べてみた。

その結果、ネット上には想像を超えて多くの「終活」ソフトや「終活」ツールが存在することが分かった。それらの機能は、ファイルやデータを消去する（それもアカウントごと）、あらかじめ指定されたアドレスに死亡通知を出す、銀行口座や重要なパスワードなどを伝言する、ネット課金などを自動で停止する、ネット上のお墓（メモリアルスペース）に遺影など残すなど、実に多岐にわたる。停止されたサービスもあるが、ネット上の個人情報を自分自身で操作できなくなった場合に、どう処理するかという観点でのサービスが多く、これはこれで大きな問題だなと感心してしまった。

有名人に限らず、死後も自分のSNSやブログを残してほしいという人もいれば、ネット上のやり取り、交友関係が残ると思うと死んでも死にきれないという人もいる。これらの人生の記録は、多くの人を勇気づけることもあれば、大切な人を傷つけることもある。ネット上に記録されている自分の人生の何を残し何を削除するか、事前に準備し必要な手続きをとっておくべきなのだろう。

このような個人の情報ツールを利用してもいいが、多くの辞世を集めて公開しておくようなホームページを構築するのもおもしろいかなと思う。「辞世倶楽部」や「辞世バンク」とでも名づけたホームページを、掲載のルールを決めて運営していれば、辞世を残しておきたい人が手軽に利用できるようになる。

ホームページに辞世を集める方法や、表示、閲覧のし方、会員制にするかなど、適切にかつ安定的に運営することを考えると、個人では荷が重いのでNPO法人か何かの団体での運営がいい。私は、全国各地の市町村役場のホームページに辞世のコーナーを作ってもらい、死亡届に辞世がついてきたらそれをアップするというのが、運営の手間と情報の安定性からいい方法だと考えているが、いかがであろうか。

(5) これから死にゆく方々へ

我が国の人口ピラミッドは、2か所にひさしが出ている二重の塔のような形で、とてもピラミッドと呼べる分布ではない。上のひさしが最も出っ張ってい て、この方々は第1次ベビーブーム時の出生者である。2015年の国勢調査時の年齢は66~69歳の方々である。下のひさしは41~44歳(国勢調査時)の方々で、第2次ベビーブームと呼ばれている。

若年層が極端に少ない我が国の人口構成は、それが社会や経済、ひいては国力に与える影響が種々議論され、問題提起もなされている。非常に重要な問題であるが、その議論は本書には荷が重いので触れないことにする。

しかし、本書で「辞世を書きましょう」とお声かけしている世代は、あらあら還暦以上の人で、第1次ベビーブームおよびその前後の方々が中心である。

総務省統計局のデータ(平成29年6月)によると、65歳以上の人口は約350

0万人で総人口の27・6％を占めている。また、5年区切りの人口統計で10 0万人を超えているのは65－69歳の年齢層だけであり、いかにこの年齢層に人口が集中しているかが分かる。

65歳以上の人が3500万人もいるという事実は、私も含めこれらの人たちはあと30年後にはほぼ全員死んでいるということも意味する。若い世代から見れば、私たちは頼りになる世代であったり鬱陶しい世代であったりしたのだろうが、30年もすれば私たちの世代は消滅し、若い世代が今の私たちの世代と置き換わるのである。その時代の人口構成予測（2060年）では、総人口は約8700万人に減少するものの、65歳以上の人口は3400万人であり現在とそれほど違わない。しかしその内訳は、75歳以上が総人口の27％を占めるというもので、4人に1人は後期高齢者という超高齢化社会になる。

私たちの世代は、生まれたときから最大勢力であり続け、ずっと右肩上がりの繁栄を推進してきたしその恩恵を享受もしてきた。しかし世代内での競争は激しく、うまく泳ぎきった者と溺れた者がいて、現代の格差社会に繋がる素地を生んだ。いわゆる勝ち組も負け組も含めて一人ひとりの個別の人生の集合体として、特徴ある世代を構成してきた。

断わっておくが、世代の構成員で誰ひとり自分が負け組と思っている人はいない。それぞれが、自分、あるいは家族の人生を必死に紡いできたという自負を持っているものであり、充足感を感じているものである。

これからこの世代の死は、一人ひとりの事情に応じて、好むと好まざるとにかかわらず一人ひとりに訪れる。自分の死に直面すれば、世代のことなど全く関係ない。しかし、統計的に見れば、毎年百万人以上の命が確実になくなってゆく。それが社会にどう影響するかは脇に置くとしても、毎年百万人の人々の思いが蜻蛉のように消えていくのが残念でならない。

毎年、百万人の生き様を反映した人生の知恵が失われていく。これはどう考えてももったいない。何か形にして残してほしい。本書では辞世でも残しませんかとオススメしているけれど、それは端緒に過ぎない。言葉にできれば、あなたの思いはずっと残すことができる。あなたの最後の言葉が、いつかどこかの誰かを慰め勇気づけるかもしれない。それこそが、あなたの生きた証しになるのではないだろうか。

2014年11月、映画俳優の高倉健が83歳で亡くなった。私たちの世代には「網走番外地」のころからお馴染みの俳優であり、我が国では知らない人はいないと言っても過言ではない。訃報を聞いた多くの人は、映画の一シーンをそれぞれ思い浮かべたことだろう。俳優という仕事柄、映画の中に多くの生きた証しを残している。このままでも、十分にその生き様が語り継がれる人生を生ききっている。

しかし、訃報と同時にひとつの言葉が報じられた。

往く道は精進にして　忍びて終わり　悔いなし

その年末に発行された雑誌（文藝春秋、2015新年号）に掲載された手記の最後の言葉であるが、所属事務所が死亡を通知するファックスにも紹介されていたという。交流のあった比叡山の僧侶から贈られた言葉で、座右の銘にしていたとのこと。

この言葉で、何事にもひたむきに取り組み決して後悔しないという生き方をしようとした高倉健という俳優の覚悟が伝わってくる。最後のひとつの言葉で、これまでの生き様にさらに光が当たるように感じられるし、高倉健の人生を語るとき、この言葉が重要な意味を持つようになる。このように、故人がどのような人でどう生きたかを多くの人が知っている場合でさえも、最後の言葉は、その人の生き様を人の心に焼きつける働きをする。

あなたが死ぬとき、あなたが生きてきた役目は無事完了するのだろうが、それに間に合うように言葉を残す準備を始められたらいい。まだ、あなたの生き様の証しは何ひとつ残っていないのだから。

さあ、それでは顔と眼差しを首がグキッとならない程度に上に向けて、流れる雲をゆっくりと眺めてみよう。私たちの銀河に迫ってくるアンドロメダ銀河に思いを馳せて、自分の人生がいかに儚いものかを感じてみよう。私たちの人生およそ百年があっという間に蒸発するちょっと前のこの一瞬に、やり残したことや、やりたかったことをすべてやってみよう。

冥土みやげの酒話

ひとりで酒場に入る時

職場を早く出る日は、銀座1丁目から8丁目までの通りを古い自転車で走りながら、夕食をとり、時々バーで酒を飲むという生活を4年やった。酒場の下調べはしない。目についた「Ｂａｒ○○」という看板と対話するのである。1階の店であれば、その入り口の佇まいと触れ合う。そのときの勘の冴えにもよるが、その店にいる自分を想定できればドアを押す。

私がひとりで酒場に足を運ぶのは、酒を媒介として非日常感を味わうためである。初めてのドアを開けて店にスゥーッと入ると、その店独自の空気が迎えてくれる。すべてのことが、期待以上であったり、以下であったりするが、自分が選択した結果を酒とともに楽しむ。

「ひとりでスゥーッと」という境地が難しい。初めてのドアを押すとき、若干の緊張感は保ちつつも力みがなく、行きつけの店に入るが如く自然に中の異空間に溶け込む、というのが極意であろうが、うまくいかないことが多い。修行が足りないのは自明だが、これは人生の極意と同じかもしれない。

あとがき

酒飲めば　浮世をよそに　捨て小船　ただようてこそ　楽しかりけれ

私の、曾祖父安中半三郎の辞世である。

「漂う」と「ただ酔う」をかけたりして、結構手慣れた技を使っている。この辞世は死ぬ間際ではないらしいが、「素平連會」という同好会を起こし飲んではこのような狂歌狂句を楽しんでいたとのこと。

長崎の郷土史（「長崎談叢」第83、平成7年）の中に、曾祖父の事績と人柄が結構詳しく書いてあった。

嘉永6年（1853年）江戸神田に生まれ6歳のときに長崎に来る。「資性剛健闊達にして多藝多能能く詠み能く談し能く書き能く飲み酔ふて耳熱すれば詞藻湧くが如く又談論風發の概あり」。これでは、うるさいだけの呑み助オヤジではないかと思ったが、真面目なところもあり、呑み助仲間と現在の県立図書館のもとになる「長崎文庫」や、現在の県立盲学校、県立ろう学校の前身である「長崎盲唖学校」を創設し、市会議員や商工会議所副会頭も務めている。

さらに、次のような辞世の句も残している。

あふむけば　いつも陽気な　春心

私が、これらの辞世に遭遇したのは40代後半であった。その時の衝撃を今でも覚えている。「何と、お気楽な爺様だったのか。」というのが最初の感想であり、こんなふざけた歌や句を辞世にしていいのかとも思った。

しかし、曾祖父から祖父、父を経て私に繋がる気質性格が一瞬にして理解できた。一言でいえば、「のぼせもん（お調子者）」なのである。それ以来、出自を聞かれると「由緒正しい長崎の遊び人の血筋です」と答えている。私自身がのぼせもんであることに、3代も前のご先祖様からそれでいいとお墨つきをもらったようなもので、実に清々しい。

そのときに辞世はおもしろいと思ったのが、本書を書くきっかけとなった。曾祖父のようなお気楽な辞世を、ワイワイ飲みながら作れたら、楽しいだろうなと思った。多くの人は、辞世といえば武士や特攻隊が死を目前にして粛々としたためるものというイメージを持っていて、自分が適当に作っていいものだとの認識を持たない。

我が国には、表現力豊かで遊び心が横溢な人々が溢れている。でなければ、毎週新聞各紙にあれだけの短歌や俳句が掲載されたりしない。このような人々に、また団塊の世代以上の高齢の方々にも、自分の人生のメッセージを表現し後世に残す手段として、辞世は身近で手軽なものだとお伝えしたかった。

私は現在居住する茨城県に、自分の墓を建てた。私自身の辞世の残し方は別

途考えるとして、曾祖父が辞世に残した「仰むけば　いつも陽気なはるごころ」ののどかさを安中家のキャッチフレーズとして新しい墓石に残すことにした。これもひとつのお遊びで、私も楽しいし誰かが楽しんでくれたらもっといい。私のひ孫あたりが、これいったい何なのヨとちょっとでも興味を持ってくれれば、おもしろいかなと思っている。

のぼせもんの習性もあって私は常に楽しいことを探してきた。また、ひとところにじっとしていられないのも、のぼせもんの特徴で、これまでずっと旅をしていたような気がする。学生のときは、ただ北を目指して大学の裏の国道3号線からヒッチハイクの車を乗り継ぎ青森まで行ったこともあったし、パキスタン、インドを回ってネパールまで旅したこともあった。仕事に就いてからもいろいろなところを訪れる機会があり、国内ではすべての都道府県でいろいろお世話になった（多いときは、7つの街の飲み屋にボトルがキープしてあった）。海外も、仕事をしたり遊んだり通過したりした国は45か国になる。

旅を続けていると、ふと自分がどこにいるのか分からなくなることがある。ホテルのベッドで目覚めたとき、二日酔いでなくても、自分がどの街にいるのかしばらく思い出せないこともしばしばであった。

人生も、いくつかの旅を区切りなく繋げているようなものではないだろうか。辛い旅もあれば楽しい旅もある。旅の途中、小さな出来事に出会うたびに喜怒哀楽を感じながら、歳月を重ねてゆく。人生の旅でも、突然窮地に陥ったりすると、自分の居場所が分からなくなる。それでも何とか乱れる心を手なずけ、旅を続けるのである。

これから、後どれだけの旅ができるのだろうか。新しい出会いはあるのだろうか。人生の旅は、途中で何があるか分からないからおもしろい。予定通り進まないからおもしろい。私は、死神からぼちぼちですよと肩をたたかれるまで、旅を楽しもうと思っている。

本書も、旅の道すがらの遊び事であるが、一冊の本に仕上げるまでに幻冬舎ルネッサンス新社の岡田果子氏、井上彩氏、福島芽生氏、渡邊真澄氏のご助力を得た。楽しい出会いであったし、心から感謝申し上げたい。

本書では「はじめに」の冒頭から書中随所に、「雲」が出現する。実は、これが私のキーワードである。そして、最後の〆も「雲」で終えたい。

私の辞世をご披露する。

はぐれ雲　風に流れて　ゆくかたに　たのし人あり　美味し酒あり

平成29年　9月　スリランカ国　アヌラダプラ　にて

文庫版あとがき

およそ6年前に本書を出版してから、いろいろな感想を頂戴している。曰く、「私は、呵々大笑と辞世に書けるように生きたい。」「酒で失敗したネガティブな思い出しか浮かんでこない。」「就職先と晩のおかずの迷い方は同程度の真剣さでいいというのは納得できない。」「雲を見上げるのが好きになった。」などなど。

皆さんそれぞれ我が身に置換えて楽しんで頂けたようで、ありがたい限りである。

この度、幻冬舎ルネッサンスから文庫版のお話があったので、板原安秀氏、深澤京花氏のご助力を得て、もう一度出版させていただいた。

この文庫版を手に取っていただいた方々にも、その人なりの楽しみ方をしていただければ大変嬉しい。本書では辞世をおススメしているが、どうやら辞世以外の記述の中に「何か思うこと」を持たれる方が多いらしい。私は、それが何かを考えながら、また酒を楽しみたいと思っている。

令和5年　9月　茨城県阿見町にて

■参考にした書物等

永　六輔：大往生、岩波新書329、1994

正岡子規：病牀六尺、岩波文庫（緑13－2）、1984

不詳　　：梁塵秘抄、巻第二、完訳日本の古典、第34巻、小学館、1988

島崎藤村：千曲川旅情のうた（落梅集より）、日本の詩歌、1、島崎藤村、中央公論社、1978

堀田　力・大沢利充：想いが通じる遺言書の書き方、PHP研究所、2010

中西　進：辞世のことば、中公新書824、1986

加藤　仁：定年後の8万時間に挑む、文春新書613、2008

内藤理恵子：現代日本における墓石の形状変化、南山宗教文化研究所研究所報、20号、2010

〈著者プロフィール〉
安中 正実（やすなか まさみ）
1951年長崎市に生まれる。
長崎西高、九州大学、農林水産省、独立行政法人を経て、
現在、会社員。
唎酒師。農学博士。

版画　森英二郎
JASRAC 出 2303841-301

お気楽《きらく》『辞世《じせい》』のすすめ

2023年9月22日　第1刷発行

著　者　　安中正実
発行人　　久保田貴幸

発行元　　株式会社 幻冬舎メディアコンサルティング
〒151-0051　東京都渋谷区千駄ヶ谷4-9-7
電話　03-5411-6440（編集）

発売元　　株式会社 幻冬舎
〒151-0051　東京都渋谷区千駄ヶ谷4-9-7
電話　03-5411-6222（営業）

印刷・製本　シナジーコミュニケーションズ株式会社
装　丁　　弓田和則

検印廃止

Printed in Japan
ISBN 978-4-344-94570-8　C0095
幻冬舎メディアコンサルティングＨＰ
https://www.gentosha-mc.com/